I0762449

clave

Osho desafía cualquier intento de clasificación. Sus innumerables charlas cubren todos los temas: desde la búsqueda individual del sentido de la vida, hasta los problemas sociales y políticos más apremiantes a los que se enfrenta la sociedad actual. Los libros de Osho son transcripciones de sus charlas impartidas ante audiencias internacionales, y recogidas en su totalidad en grabaciones de audio y video.

Tal como él mismo declara: "Recuerda, lo que estoy diciendo no sólo es para ti…, también estoy hablando para las futuras generaciones". El diario *The Sunday Times* de Londres lo ha definido como uno de los "1 000 creadores del siglo XX", y el *Sunday Mid-Day* de la India, como una de las diez personalidades —junto con Gandhi, Nehru y Buda— que han influido en el destino de ese país.

OSHO

Lo último de la noche

365 momentos relajantes
para entrar a la noche
conscientemente

DEBOLS!LLO

Papel certificado por el Forest Stewardship Council®

Lo último de la noche

365 momentos relajantes para entrar a la noche conscientemente

Título original: *Last in the Evening: 365 Relaxing Moments to Enter the Night Consciously*

Primera edición en Debolsillo: enero, 2026

Este libro está basado en extractos seleccionados de diversas charlas dadas por Osho ante una audiencia en vivo. Las obras de Osho están ampliamente disponibles en forma de libros, libros electrónicos, audiolibros, videos, aplicaciones y traducciones. El archivo completo de textos puede encontrarse en la Biblioteca OSHO en línea en www.osho.com

penguinlibros.com

Diseño de portada: Penguin Random House / Laura Velasco Borrero
Ilustraciones de portada: © iStock

ISBN: 978-607-386-805-1
Impreso en México – *Printed in Mexico*

Índice

UNA NOTA SOBRE EL LENGUAJE

Palabras habladas: Los libros de Osho no están «escritos», sino que son transcripciones de grabaciones de sus charlas. Estas charlas son improvisadas, sin otras notas que no sean copias de las preguntas, las historias o escrituras sobre las que se le ha pedido que comente, o chistes que pueda utilizar para hacer hincapié en un tema en concreto. Él ha pedido a sus editores que sus libros impresos conserven el carácter de la palabra hablada.

Los pronombres: Al oírle hablar, está bastante claro para el oyente que generalmente cuando Osho habla del «hombre» se refiere a los «seres humanos». El uso por defecto del pronombre «él» simplemente sirve para facilitar el desarrollo del discurso - de ninguna manera implica que «ella» (o «ellos») estén siendo descartados o no tomados en consideración.

Es bueno tener en cuenta el singular punto de vista de Osho al dirigirse a sus oyentes en sus obras:

Un meditador no es ni hombre ni mujer,
porque la meditación no tiene nada que ver con el cuerpo.
Tampoco tiene nada que ver con la mente.
En la meditación eres simple y pura conciencia.
Y la conciencia no es masculina ni femenina.

Prefacio

Las palabras de las páginas siguientes fueron extraídas de reuniones íntimas en las que Osho, místico contemporáneo, habla con gente de todas las condiciones. Fue sugerencia de él que se compilaran este volumen y su complemento, *Lo primero de la mañana*. Estos libros se han planeado de tal forma que cada día tienen un tema particular, y los pasajes de la mañana y de la noche se complementan. Así que *Lo último de la noche* puede leerse solo o en conjunto con el libro matutino.

Los pasajes de este libro han sido seleccionados especialmente para el momento de la noche: leer uno antes de dormir puede ser la forma perfecta de terminar el día. El libro contiene 365 pasajes que han sido diseñados para leerse cronológicamente, y no al azar.

En el libro, Osho habla muchas veces de «sannyas» o «sannyasins». Cuando Osho usa el término sannyas simplemente significa tomar la decisión de introducir la consciencia personal a tu vida, un compromiso de tomarte el tiempo para la exploración y celebración de tu interior:

> Sabemos muchas cosas que son basura: sabemos todo de la Luna y el Sol y la Tierra, y sabemos de historia y geografía, pero no sabemos nada de nosotros mismos. No sabemos nada del que sabe, y ésa debería ser la preocupación principal de

cualquier educación real. Sannyas es el inicio de una educación real. Fundamentalmente, te tienes que volver consciente de ti mismo, de quién eres. Y sólo tú puedes hacerlo.

Leer los pasajes de este libro es, en sí mismo, una forma de contemplación, puesto que, como dice Osho, las palabras de un místico no son parte de ninguna teoría que pueda ser aceptada o refutada; no se le pide al lector que sea ni un seguidor ni un creyente. De hecho, ni siquiera las propias palabras son importantes, sino lo que ellas transmiten.

Las palabras [del místico] llevan un silencio en torno a ellas, sus palabras no son ruidosas. Sus palabras tienen una melodía, un ritmo, una música, y en el mero centro de sus palabras, hay silencio absoluto. Si puedes penetrar sus palabras, accederás al silencio infinito.

Pero la forma de penetrar las palabras de un buda no es mediante el análisis ni la discusión ni la argumentación. La forma es entrar en relación con él, entrar en armonía con él, estar en sincronía con él… En esa armonía, en ese ser uno solo, uno entra en el mero centro de las palabras del maestro. Y ahí no encontrarás sonido alguno, ruido alguno; ahí encontrarás silencio absoluto. Y degustarlo es entender al maestro.

Recuerda, el significado de la palabra no es lo importante, sino su silencio.

Osho

DÍA 1 El mundo está sufriendo tanto porque por primera vez en la historia de la consciencia humana, el ser humano le ha perdido la pista a la divinidad. Nadie ha sufrido nunca como nosotros. La gente ha sido pobre antes, muy pobre; la gente se ha muerto de inanición, pero la gente nunca había sido tan pobre espiritualmente. El humano nunca se había muerto de inanición espiritual tanto como hoy. Todo mi trabajo consiste en devolverte la comprensión de la divinidad. El hombre no tiene futuro a menos de que se arraigue de nuevo en la divinidad.

DÍA 2 El hombre tiene el potencial de convertirse en una canción de amor, en una danza de amor, pero muy poca gente transforma su potencial en acto. La gente nace como semilla y casi todo mundo muere como semilla; sus vidas no son nada más que un largo experimento fútil. Y entre más envejezcan, más se frustrarán, naturalmente, porque todas sus esperanzas se hacen añicos, sus deseos no traen nada más que lágrimas, agonía, angustia. Conforme pasa el tiempo, se dan cuenta de que lo que han estado haciendo con su vida no tiene valor. ¿Cómo podrían cantar? ¿Cómo podrían bailar? ¿Cómo podrían sentirse agradecidos con la existencia? Es imposible.

Mi observación es que la gente va a templos, sinagogas e iglesias sólo por miedo, no por amor. Y la gente mayor va con más frecuencia porque le da más miedo la muerte. No van a la iglesia ni al templo porque hayan conocido algo inmensamente valioso en la vida, sino porque la vida se les está escapando de las manos. La gran oscuridad de la muerte se acerca y tienen miedo. Quieren que alguien los proteja.

Ahora saben que su dinero no se va a ir con ellos, que sus amigos no van a estar con ellos, que sus familias los dejarán. Por desesperación, empiezan a aferrarse a la idea de un Dios. Pero no es por amor ni por gratitud. Y un Dios que surge del miedo es un Dios falso. Un Dios que surge del amor es un Dios verdadero.

Toda mi intención aquí es poner a tu disponibilidad ventanas hacia Dios, para que no lo busques por miedo, sino para que vayas por medio de la experiencia de la belleza, de la creatividad, del amor. Y cuando una persona va por medio de esas experiencias, el contacto es inmenso, transformador. Un solo contacto en vida con la divinidad es suficiente, nunca más serás el mismo.

DÍA **3** Cuando empiezas a entrar, dejas atrás la mente. No puede entrar contigo, sólo puede acompañarte en el exterior. Sólo tiene una posibilidad, es unidimensional. La mente vuelve guerrero a alguien en el sentido político. La meditación lo vuelve guerrero en el sentido religioso.

Así que conviértete en guerrero interior, hay mucho que conquistar ahí. Hay mucha oscuridad que debe disiparse, mucha inconsciencia que transformar, mucha energía en bruto que purificar.

Es una gran labor, la mayor que te da la vida. El gran reto es convertirte en una persona totalmente adulta, llegar al *crescendo* de tu potencial, alcanzar la cima más alta, el Éverest de tu consciencia. Entonces, por primera vez, uno realmente empieza a vivir.

DÍA **4** Sólo el amor debe ser tu cualidad. Vuélvete amoroso y un día serás simplemente amor; ni siquiera amoroso, sino amor. Ése es el día de la gran revelación. En ese preciso momento, la gota de rocío desaparece en el océano y se convierte en el océano.

En terminología religiosa, en jerga religiosa, se ha llamado «tomar consciencia de Dios». Si a uno le gusta la jerga religiosa, puede usar ese término, de lo contrario, es mucho más hermoso decir que uno se ha vuelto oceánico; es mucho más poético. Los sacerdotes han contaminado demasiado la palabra *Dios*, discutir sobre la palabra *Dios* tantos siglos ha hecho que la mera palabra levante inmediatamente mil y un preguntas. Simplemente crea más y más discusiones y controversias. Pero la palabra en sí misma era hermosa cuando se usó por primera vez; tan sólo representaba el más allá, el vasto más allá.

Ahora ya no representa el más allá. Incluso el más allá ha sido explotado por los sacerdotes. Los sacerdotes son las personas más maliciosas. Han hecho de Dios un Dios cristiano, un Dios hindú, un Dios mahometano. No se puede haber hecho nada más absurdo, es el absurdo máximo. Dios no puede ser ni hindú ni judío ni budista. Dios simplemente significa vastedad, y hacer que la vastedad sea cristiana es empequeñecerla. Cualquier adjetivo la limitaría. Dios tiene que ser sin adjetivos. Simplemente significa la existencia infinita, lo ilimitado. Y el amor te dará la primera probada.

DÍA **5** Cuando dices «Dios», parece algo muy lejano. Eso es lo que han estado diciendo a través de los siglos: Dios está en algún lugar superior, en el cielo, muy, muy lejos. Pero cuando dices «amor», está muy cercano al corazón. Todos esos sacerdotes son maliciosos y mañosos. Han estado tratando de demostrar que Dios está lejos porque sólo si está lejos pueden ser ellos los representantes de Dios, sus mediadores, sus agentes. Si Dios está lejos, el papa parece relevante; si Dios está muy cerca de tu corazón, ¿cuál es la necesidad de un papa? No se necesita a nadie que medie entre Dios y tú. Si Dios es el latido, entonces el Vaticano se vuelve irrelevante, entonces todas las iglesias y los sacerdotes pierden su profesión. Tienen una profesión hermosa, la más prestigiosa, poderosa; ¿quién quiere perder prestigio y poder? Cuando usas la palabra *Dios*, te da la sensación de persona. Dios se vuelve limitado, definido.

Pero el amor no es una persona, es una cualidad, una presencia. Es una fragancia, no una flor: más ilimitada, más indefinida, más infinita.

Cuando dices «Dios» simplemente te sientes impotente: «¿Qué hacer?». Pero si hay amor, puedes hacer algo al respecto. Tu naturaleza más profunda es ser amoroso; por lo tanto, toda mi enseñanza gira en torno a la palabra *amor*.

Jesús dice: «Dios es amor». Yo digo, el amor es Dios.

DÍA **6** Empieza a hacer cosas, cosas pequeñas, totalmente. Si fuiste a dar un paseo, entonces sé total en tu paseo. Disfrútalo como si la vida sólo consistiera en pasear y nada más, como si pasear fuera lo más alto. Si fuiste a nadar, entonces nada y olvida todo. Entonces no hay pasado ni futuro, sólo tú y el agua y el instante presente. De esa forma aprenderás despacio, despacio, el arte de ser total. Empieza a aplicar el mismo arte a toda tu vida. Y un día sucederá el milagro, cuando todas las partes se fundan en una unidad. Esa unidad es tu alma, esa armonía es tu alma. Y cuando estés en armonía, sabrás que toda la existencia está en armonía. Sólo sabes lo que eres. No puedes saber más que eso.

Estar en armonía con uno mismo es conocer la última armonía de la existencia. Podrás llamarla Dios, nirvana, verdad, o podrás simplemente permanecer en silencio, porque ninguna palabra es adecuada. Nada puede expresarlo, nada puede explicarlo. El misterio sigue siendo misterio.

DÍA **7** Que tu amor no tenga amado. Ama la existencia entera; es una sola realidad. Los árboles, las montañas y la gente en realidad no son diferentes. Todos participamos juntos, todos existimos en una profunda armonía. Todos inhalamos oxígeno y exhalamos dióxido de carbono.

Los árboles inhalan dióxido de carbono y exhalan oxígeno. Sin los árboles no podríamos existir. Estamos unidos, nos interpenetramos. Y así es como está vinculada la existencia entera. Así que deja que tu amor no tenga amado: los árboles, las estrellas, las montañas, la gente, los animales. El punto no es a quién ames, el punto es que estás amando.

DÍA **8** El bienestar del hombre está con Dios. Si nos arraigamos en Dios, estaremos enteros y sanos. Si permanecemos sin Dios, nos quedamos sin raíces, sin nutrientes. Dios es más una madre que un padre, más ella que él. Fue la actitud chauvinista de los hombres la que lo hizo un él.

Dios es la tierra, nuestro alimento, nuestro bienestar. Y toda la vida no es más que una exploración, una exploración de la fuente de nuestro bienestar.

DÍA **9** Quien se rinde a la existencia no necesita decir nada; la mera rendición transformará su vida. Lo único que necesita el que busca es deshacerse del ego, porque el ego es la única causa de toda nuestra miseria y tristeza.

El ego es el único muro entre nosotros y la existencia. Y tampoco está hecho de ladrillos muy sustanciosos; es sólo una idea, es puro aire caliente. Con sólo un pinchazo el globo se puede reventar. No se necesita hacer mucho; sólo se necesita inteligencia, un poco de entendimiento.

DÍA **10** El hombre tiene que trascender su voluntad para poder volverse parte de la voluntad divina. Uno tiene que deshacerse de su propia voluntad; ése es todo el problema.

Una vez disuelta nuestra voluntad, la divinidad empezará a funcionar a través de nosotros. Entonces ya no hay miseria ni ansiedad. Uno está totalmente relajado; no hay dificultad.

Todos los problemas surgen de tu voluntad, porque voluntad significa luchar contra el todo. Es una lucha, y la lucha acarreará tensión. Y tú estarás condenado al fracaso; por lo tanto, por más duro que uno luche, sabe en el fondo de su corazón, en algún lugar profundo, que es fútil. Uno no puede tener éxito contra el todo.

Uno sólo puede tener éxito con el todo, no contra él. Sannyas significa rendir la voluntad, trascenderla. Y cuando hayas entregado tu voluntad, todo será tuyo. De pronto todo el universo te abre la puerta. Todos los misterios se vuelven disponibles para ti, todos los secretos se te revelan, se te dan todas las llaves.

La paradoja es que, al entregar la voluntad, te conviertes en el amo. Y al conservar la voluntad y luchar por ella, sigues siendo esclavo.

DÍA **11** La gente es dura. La vida los prepara para ser duros porque la vida los prepara para luchar. Despacio, despacio, pierden toda suavidad interior: se vuelven duros como piedras. Y una persona de piedra es una persona muerta. Sólo vive en nombre, no vive realmente. La verdadera vida es la suavidad, la vulnerabilidad, la apertura. No le tengas miedo a la existencia:

la existencia se preocupa por ti, te ama. No hay necesidad de luchar contra ella.

La existencia está preparada para dar más de lo que jamás hayas pedido o imaginado. Pero la existencia sólo puede dar si eres suave, vulnerable. Si eres poroso, puede entrar por cualquier parte.

Sé poroso, ponte a disposición de la existencia, sin miedo. No hay necesidad de tener miedo. Es nuestra existencia, le pertenecemos; ella nos pertenece.

DÍA **12** Buda tiene una enorme belleza en torno suyo, una gracia inexplicable, algo muy del más allá. Y se vuelve posible sólo porque nunca creyó en la estúpida idea de Dios. Se fue directamente a la investigación, a la búsqueda de la existencia de la dicha. Y como se volvió dichoso, se volvió divino. Sabía que Dios es, no como persona, sino como cualidad.

Es como cuando sale el sol, la misma cualidad. Es como cuando el cuco empieza a llamar a lo lejos, la misma cualidad. Está ahí en una rosa. Está ahí en los ojos de dos amantes. Está ahí cuando un danzante se pierde en la danza, cuando el danzante desaparece y sólo queda la danza.

DÍA **13** Mi enfoque entero no es enseñarte cierta creencia, sino crear el ambiente adecuado dentro de ti. La dicha es el ambiente adecuado.

Ama, canta, baila, disfruta todo lo que puedas. Todo lo que sea posible disfrutarse tiene que disfrutarse, y sólo entonces, cuando te estés elevando más y más en tu alegría, surgirá un sentido de gratitud. En cierto punto empezarás a sentir la gracia de Dios, la bendición de estar aquí. Entonces habrá gratitud, y esa gratitud se convertirá en adoración.

DÍA **14** El cuerpo nace y el cuerpo muere; la mente nace y la mente muere. Pero tú no eres ni el cuerpo ni la mente. Eres algo que los trasciende a ambos, algo que nunca muere y nunca nace. Siempre has estado aquí y siempre estarás. Cuando uno empieza a sentirlo, empieza a cambiar toda su perspectiva de la vida. Todo lo que ha sido importante hasta ese momento se vuelve insignificante: el dinero, el poder, el prestigio y todo eso.

Y lo que nunca había sido importante de pronto adquiere una gran importancia: el amor, la compasión, la meditación, la oración, la divinidad.

Recuerda que dentro de ti hay algo eterno.

DÍA **15** Jesús dice que el Reino de Dios está dentro de ti. Ésa es la enseñanza esencial de todos los que han despertado: no te vayas a ninguna parte; no busques fuera de ti mismo, no encontrarás nada ahí. Permanecerás vacío, insatisfecho, frustrado, porque el reino verdadero —los ricos verdaderos— es parte de tu interioridad, de tu subjetividad, de tu alma.

La humanidad ordinaria es extrovertida. Ése es exactamente el significado del hombre mundano: extrovertido. Al convertirte en sannyasin te desplazarás exactamente en la dirección opuesta: hacia la introversión.

No es que yo esté en contra del mundo, pero no conocerse a sí mismo es muy peligroso. Una vez que te conozcas a ti mismo podrás deambular por todo el mundo e ir compartiendo tu alegría y viviendo tu alegría: entonces no habrá problema. Si estás arraigado en tu ser, puedes ser todo lo extrovertido que quieras, nada puede hacerte daño. Podrás vivir en el mercado y tu meditación permanecerá imperturbada.

Pero lo primero y más importante es establecerte adentro, familiarizarte con tu realidad interior. Y toda mi intención es volverte hacia tu interior, de todas las formas posibles, ayudarte a entrar. Yo no te puedo dar la verdad, nadie puede, pero puedo indicarte dónde se encuentra. No se encuentra en la luna, no se encuentra en el Éverest; se encuentra sólo dentro de ti. Aprende a cerrar los ojos y ver hacia adentro.

DÍA **16** La divinidad es nuestra sustancia, nuestro propio ser. No es algo fuera de nosotros, es nuestro centro más profundo, nuestra interioridad. No tenemos que buscarla. Sólo tenemos que recordarla: la hemos olvidado. Nuestra divinidad no está perdida, es sólo que hemos olvidado quiénes somos.

DÍA **17** El hombre es capaz de volverse anfitrión de Dios, hogar de Dios. Y a menos de que nos volvamos anfitriones y hogar de Dios, seguiremos insatisfechos. Si no deja entrar a Dios, uno permanece en una frustración profunda, porque cuando Dios entra en nuestro ser, nos volvemos Dios.

Ése es nuestro último destino. Y sólo cuando se cumpla ese destino habrá contento y tendrás la alegría de la llegada.

DÍA **18** Estamos muy cerca de la divinidad, pero seguimos como líneas paralelas que nunca se cruzan. Una vez que dejemos de ir hacia el pasado y el futuro, las líneas paralelas empezarán a acercarse cada vez más. Un día, de pronto, habrá sólo una línea: las dos líneas habrán desaparecido. Ése es el momento de gran gozo, de gran bendición. Eso es lo que todo mundo está buscando, anhelando. Y como la gente sigue sin verlo, se vuelve miserable. Debes estar listo. Y la única forma de estar listo es vivir en el presente, y te convertirás en hogar de la divinidad. Ésa es la satisfacción de la vida.

DÍA **19** La existencia es nuestra única seguridad. El dinero, el poder, el prestigio, nada es seguro. La familia, los amigos, incluso uno mismo, nada es seguro. Estamos rodeados de inseguridad.

Sólo hay una cosa segura, y no se puede encontrar en ningún lugar externo. Sólo puede encontrarse en nuestro centro más profundo. Dios reside ahí. Ésa es la morada de Dios, el fondo de tu corazón.

Conocer al Dios interior es trascender toda seguridad. Entonces todo es salvo y seguro. Y cuando todo es salvo y seguro la miseria desaparece naturalmente, la ansiedad desaparece y la gran dicha surge. Esa dicha es el anhelo más profundo de tu ser.

DÍA **20** Sólo vale la pena saber un secreto, que es tú yo más profundo. Ése es el lugar más secreto. La gente sigue viajando a lo largo y ancho; eso no es difícil. El hombre ya alcanzó la Luna, es demasiado fácil. Pero es muy difícil alcanzar el propio centro, y el secreto de secretos se esconde ahí, la llave maestra que puede abrir todos los misterios.

DÍA **21** Lo primero que hay que recordar es que la vida se nos ha dado, no es un logro personal. De hecho, no la merecemos en absoluto. Es una ley muy extraña de la existencia que aquéllos que la merecen —un Buda, un Cristo— desaparecen de la vida, y aquéllos que no la merecen van ganando vida una y otra vez. Cuando la merezcas estarás listo para desaparecer en lo más alto. Si no la mereces, tendrás que regresar. Sólo los que fracasan, regresan, obviamente. Aquéllos que fracasan tienen que regresar a la misma clase, a la misma escuela. Los que pasan, ascienden a planos superiores, a escuelas superiores que no son ordinariamente visibles. Esto es lo primero que hay que recordar, que la vida es un regalo. No la desperdicies, úsala. Úsala mereciéndola.

Y lo segundo que hay que recordar es la fuerza del espíritu. Tampoco es algo que sea tuyo, es el flujo constante de la existencia en ti.

Lo respiras a cada instante, de manera inconsciente, por supuesto. Cuando te vuelvas consciente, quedarás sorprendido. Comemos existencia, respiramos existencia, no hay nada más que existencia. Es nuestro alimento. Son nuestras raíces, son nuestras ramas, el follaje, las flores, la fruta. Es todo y nosotros no somos nada.

DÍA **22** Lo más difícil en la vida es recibir un regalo, porque va en contra del ego. Es más fácil dar, es muy fácil dar. Pero recibir es muy difícil. Y recibir cuando no lo mereces, eso se vuelve aún más difícil. Y nosotros no lo merecemos, no nos lo hemos ganado. No somos dignos de la dicha, pero la existencia la sigue dando; no porque la merezcamos, sino porque tiene en abundancia. Cuando recibes su dicha, ella está agradecida contigo. Le habrás quitado un peso de encima, le habrás quitado una ligera carga a su ser. Pero recuerda, es muy difícil recibir un regalo. Se siente como una humillación. Uno se siente un poco avergonzado. Un sannyasin tiene que aprender a recibir un regalo en gran gozo y celebración, pues entre más receptivo seas, más se te dará. Si eres totalmente receptivo, el cielo entero puede descender a tu ser en este preciso instante, aquí y ahora. Lo único que necesitas es estar absolutamente abierto y listo.

DÍA **23** Todos los maestros de todas las edades han declarado que todos nacemos como reyes divinos, pero somos totalmente inconscientes de ello. Si no conocemos nuestro propio mundo interior, seguimos siendo inconscientes de nuestro reino. Y como somos inconscientes del reino que nos pertenece, que es por siempre nuestro, seguimos deseando pequeñeces, mendigando pequeñeces.

Soñamos que somos mendigos. Cuando despertemos, habrá una gran sorpresa esperándonos: veremos que no somos mendigos, que somos reyes.

Ése es todo el propósito de la meditación: volverte consciente de tu reino, volverte consciente de tu más alto potencial. Y una vez que empieces a volverte consciente, la travesía dejará de ser difícil. Con un pequeño despertar, el sueño se habrá ido casi por completo, entonces las cosas se volverán más fáciles.

DÍA **24** Una vez que estés consciente, empezarás a investigar y buscar un segundo nacimiento. Y el segundo nacimiento se volverá posible sólo a través de la meditación. El primer nacimiento es a través de la madre, el segundo nacimiento es a través de la meditación: por eso en las antiguas escrituras se llama a la meditación la madre real.

Jesús dice a sus discípulos: «En verdad te digo que nadie puede ver el Reino de Dios si no nace de nuevo desde arriba». En Oriente, la persona que ha alcanzado a Dios se llama *dwija*, nacido dos veces. El segundo nacimiento libera la fragancia.

DÍA **25** La meditación occidental no es nada más que una especie de pensamiento. Pensar en las cosas más altas se llama meditación. Cuando piensas en Dios, cuando piensas en Cristo, cuando piensas en el amor, se llama meditación.

En Oriente, pensar no es meditar en absoluto. No importa si piensas en Dios o en dinero; cualquier pensamiento sobre cualquier objeto es una perturbación en la meditación. En Oriente, meditar significa un estado de no pensamiento, sólo ser puro. Y ésa es la mayor experiencia de la vida, cuando simplemente existes. Ningún pensamiento atraviesa tu ser. Todo el tráfico se detiene, la mente desaparece. Pero la consciencia sigue ahí, más que nunca, porque lo que estaba oculto detrás de los pensamientos ya no se oculta. Cualquier cosa que haya estado involucrada en los pensamientos deja de estarlo. Se libera toda la energía. Uno simplemente es una reserva de energía, tan silenciosa que no surge ni una onda de ella. En esa reserva silenciosa de consciencia, de energía, se refleja la existencia; llegamos a conocer lo que es. La divinidad es otro nombre para lo que es.

DÍA **26** La única preparación necesaria para experimentar la divinidad es dejar la mente de lado. De eso se trata la meditación: una estrategia para detener a esa mente en constante parloteo, esa mente loca que sigue y sigue sin razón alguna. Está ocupada sin ocupación. No estoy diciendo que se tenga que destruir la mente; sólo tiene que dejarse de lado para que, cuando la necesites, la puedas usar. Es como tu coche estacionado en tu garaje. Cuando quieres usarlo puedes sacarlo del garaje, entonces tú eres el amo.

Pero, por lo general, la situación es justo la contraria: el coche insiste en no entrar al garaje. El coche dice: «No me voy a detener». El coche dice: «Tienes que correr conmigo». Y sigue corriendo, 24 horas al día. Incluso cuando estás dormido, la mente sigue y sigue. Por lo general, cuando empieza en la infancia, no se vuelve a detener hasta la muerte, a menos de que alguien empiece a desplazarse hacia la meditación.

Para los pocos que entran a la meditación, la mente se detiene y de pronto se vuelven conscientes del sol que se estaba escondiendo detrás de las nubes de la mente. Esa consciencia de la luz última, del sol último, es conocimiento divino.

DÍA **27** Vivimos en la periferia, vivimos en la mente, y la mente es tan ruidosa que no nos permite oír esa tranquila vocecita interior. Se necesita un maestro sólo como herramienta, porque tú sabes oír el exterior. El maestro dice desde el exterior lo que la existencia te ha estado tratando de decir desde el interior durante siglos. Pero tú no escuchas el interior.

Al escuchar al maestro interior, despacio, despacio, uno se vuelve consciente: «¿Qué está pasando?». El maestro dice lo mismo que de alguna forma tú crees que es tuyo, más tuyo que tu mente, más tuyo que tu cuerpo. Por eso en Oriente se dice que el maestro es un Dios. Occidente es absolutamente incapaz de entender el fenómeno. Oriente sabe por qué al maestro se le llama Dios: representa a Dios, refleja a Dios porque refleja tu realidad, tu verdadero ser.

Estar con un maestro es simplemente alistarse para entregarse un día, para que puedas cerrar los ojos y ver hacia adentro, para que puedas empezar a oír lo que te está diciendo tu propia intuición. Y la intuición siempre está en lo correcto. El intelecto puede acertar o puede equivocarse. Siempre es una o la otra; la duda persiste, nunca es indudable. Pero la intuición no tiene duda alguna, simplemente sabe. La persona intuitiva no se arrepiente porque nunca hace nada mal. No puede. Simplemente sigue la voz de la existencia interior.

DÍA **28** Meditación significa consciencia, sentido de alerta, de observación, de atestiguamiento. Sé testigo de tus actos, de tus pensamientos, de tus sentimientos, para que despacio, despacio, puedas ver que no eres ni el cuerpo ni la mente ni el corazón, eres el testigo de todo.

Cuando sepas que sólo eres un testigo, un espejo puro que lo refleja todo, y no te identifiques con ningún reflejo, de pronto descubrirás tu luz interior. Ya está ahí, pero tenemos que girar nuestras consciencias. Se necesita un giro de 180°, y sólo sucede atestiguando, no hay otro método. Cuando eres testigo, una cosa se vuelve clara: no eres la cosa que estás atestiguando, obviamente; eres su testigo.

Sigue adelante, cada vez más profundo. Cuando no quede nada que atestiguar, habrás atestiguado todos los objetos que podías y los habrás rechazado sabiendo: «Yo no soy eso». Y cuando todo esté eliminado, sólo quedarás tú —sólo el espejo y nada más— y de pronto el giro: la consciencia gira hacia sí misma.

Ese momento de giro es el mejor momento de la vida. En ese preciso instante sabrás quién eres y sabrás qué es Dios, qué es la dicha, qué es la verdad, la libertad, la eternidad. Todo lo que valga la pena saberse, se sabrá, inmediata, instantáneamente. Y entonces podrás seguir viviendo en el mundo, pero vivirás con un centro totalmente diferente, con una perspectiva totalmente distinta: estarás en el mundo, pero absolutamente fuera del mundo.

DÍA **29** ¿Qué es el valor? La definición más significativa es la de la capacidad de deshacerse de lo familiar, de lo conocido, porque eso es la mente: lo familiar, lo conocido, el pasado. Y cuando te deshaces del pasado, te abres hacia las infinidades. Pero el hombre tiene miedo de ser tan abierto, el hombre se siente perdido en ese vasto espacio.

La mente es algo pequeño. Se siente acogedora, cálida. Es como una jaula de oro. Es hermosa, la puedes decorar, y todo mundo trata de decorarla. Para eso sirve nuestra educación: para decorar la jaula de oro y ponerla tan hermosa que se vuelva casi imposible de dejar. Te empiezas a aferrar a ella. Se te olvida que tienes alas, que todo el cielo es un reto, que tienes que ir a las estrellas, que hay una muy larga travesía por delante. Por lo tanto, mi definición de valor es la capacidad de deshacerse de la jaula de oro de la mente e ir hacia lo desconocido, a pesar de todos los miedos, a pesar de toda la inseguridad. Sólo la persona que tiene esa cualidad es religiosa.

DÍA **30** La vida es sinónimo de Dios. Dios no es el creador de la vida, sino la vida misma: no es distinto de la vida. La mera idea del creador es falsa. No es como un pintor, porque el pintor es distinto de su pintura. Es más como un danzante; es uno con ella. Por lo tanto, uno no necesita ir a un templo, a una mezquita, a una sinagoga, para adorar a Dios. La vida es más que suficiente. Toda esta tierra, toda esta existencia, está llena de Dios, desborda Dios. Él es el verde y el rojo y el dorado de los árboles. Él está por todos lados: no puedes evitarlo. Chocamos con él a cada instante.

Es sólo porque tenemos cierta idea de Dios que seguimos sin encontrarlo. Tenemos cierta idea de que está en algún lugar lejano en el cielo: por lo tanto, seguimos sin encontrarlo. Deja esa estúpida idea y lo encontrarás en todos lados. Está muy cerca. Una vez le preguntaron a Ramakrishna: «¿Dónde está Dios?» Y él contestó: «Dime dónde no está. Yo he estado buscando un lugar donde no esté Dios y no lo he encontrado. Todavía no encuentro un lugar donde él no esté».

DÍA **31** Ser amigo de la existencia significa decirle sí a la existencia, sí en todos sus estados. A veces está nublado, y el «sí» sigue estando ahí. Unas veces está muy soleado, y otras veces llegan momentos oscuros —la miseria te rodea o la ira o la rabia— y aun así le dices sí desde el fondo, porque sea lo que sea la vida, es divina. Es divina en su totalidad.

DÍA **32** Todo es un regalo de la existencia. No nos merecemos nada, no somos dignos de nada. La existencia nos da la vida, la capacidad de amar, la capacidad de sentir la belleza, la capacidad de encontrar la verdad, no porque seamos dignos, no porque lo merezcamos, sino porque tiene demasiado.

Es como una nube llena de lluvia: tiene que llover. Nosotros recibimos de esa abundancia. Es como una flor que tiene un perfume inagotable, tiene que liberarse a los vientos. Es como una luz: sin principio ni fin. También tiene que ser compartida; de lo contrario, se vuelve una carga.

DÍA **33** La vida es un regalo, el nacimiento es un regalo, el amor es un regalo, la muerte es un regalo. Si sabemos apreciarlo, todo es un regalo; si no sabemos apreciarlo, no hay nada más quc quejas y quejas en la vida.

Sólo hay dos tipos de gente. Los que saben apreciar la belleza de lo que es, de lo que se les ha dado, y los que no tienen sentido de apreciación: siempre están condenando, quejándose, pidiendo más y más. Sólo el primer tipo de gente puede ser religioso, el segundo tipo no puede volverse religioso. El segundo tipo está condenado a negar a Dios tarde o temprano, porque

Dios se convierte en el enemigo que no está cumpliendo sus deseos. Es esa gente la que inventó el proverbio: «El hombre propone y Dios dispone».

El proverbio lo inventó gente no religiosa. Siempre están frustrados, todo lo que pase está mal. Nada está a la altura, nada es satisfactorio, nada llega al contento de su corazón; todo se queda corto. Viven en la miseria porque siempre hay algún rencor, como si estuvieran privados de algo.

¿Cómo podrían sentirse agradecidos? Y sin agradecimiento no hay oración, sin oración no hay religión.

DÍA **34** La oración alaba a la existencia por todo lo que es. Es el enfoque de un corazón que dice sí y que no conoce duda, escepticismo, negatividad, que puede bailar y cantar porque el mundo es hermoso. Es un gran regalo del cual no somos dignos. No podemos pagarle a la existencia; lo único que podemos hacer es alabarla. ¡Podemos cantar aleluya! Y si nos volvemos un aleluya total, no se necesita nada más. Entonces todo es posible, entonces incluso lo imposible es posible.

Así que deja que la oración sea tu camino. Alaba la oración de todas las formas posibles y nunca te quejes. Deshazte de la mente quejumbrosa. Es sólo cuestión de decisión. Una vez decidido, uno empieza a deshacerse de la vieja costumbre de quejarse y toda la energía empieza a desplazarse hacia la alabanza. La alabanza trae bendiciones.

Alaba de todas las formas posibles: alaba el atardecer, las nubes, los árboles, las aves y a la gente. No seas avaro en las alabanzas. Alaba de todo corazón, tan plenamente como sea posible, y te acercarás más y más a la existencia. Se convertirá en el puente. Es la ruta más corta hacia la existencia. Meditar es una ruta larga, la oración es un atajo.

DÍA **35** La oración es el cimiento de la religión, y es la oración plena lo que se convierte en la experiencia de la divinidad. La semilla de la oración es la gratitud.

Siéntete agradecido porque grandes son los regalos de la existencia y constantemente te está bañando con ellos, pero empezamos a darlos por hecho. Ésa es una de las cosas más estúpidas que puede hacer un ser humano, pero la mente siempre lo hace: empieza a dar las cosas por sentadas. El sol sale, el alba tiene una belleza inmensa, pero tu mente dice: «¿Y qué? Sucede todos los días. Es sólo una mañana más, como las demás». Todo el oriente está rojo con el sol naciente y las nubes están llenas de color, pero la mente dice: «¿Y qué? No hay nada nuevo. Ha sucedido millones de veces y va a volver a suceder millones de veces».

Si esa es la forma de ver las cosas, y así es como la mente ve las cosas, se vuelve insensible: insensible a la belleza, a la música, a la poesía, al amor, insensible a todo lo que es valioso. Entonces, naturalmente, vives en la oscuridad, vives en la fealdad. Es tu propia creación.

DÍA **36** Sólo disuélvete en una energía amorosa, sólo conviértete en una energía amorosa, no enamorada de algo en particular, sólo con amor para todos y todo, ¡incluso para nada! No es cuestión de un objeto amado, sino sólo de una energía que desborde amor.

Si estás sentado en silencio en tu habitación, deja que la habitación esté llena de energía amorosa, crea un aura de amor a tu alrededor. Y sí *puedes* hacerlo, por eso lo digo. Yo sólo te doy cosas que veo que son posibles. ¡Nunca pido lo imposible! Sólo indico lo que va a sucederte de forma natural. Es muy simple y naturalmente posible que te vuelvas sólo amor. Ésa será tu oración y tu meditación.

Si estás mirando los árboles, estás enamorado de los árboles. Si estás mirando las estrellas, estás enamorado de las estrellas. Eres amor, eso es todo. Así que, estés donde estés, ve vertiendo tu amor. Y cuando viertas amor en las piedras, ya tampoco las piedras serán piedras. El amor es un milagro tal, una magia tal que transforma todo en lo amado. Te vuelves amor y la existencia se vuelve tu amada, la existencia se vuelve Dios. La gente busca a Dios sin volverse amor. ¿Cómo podrían encontrarlo? No tienen el equipo necesario, el contexto y espacio necesarios.

Crea amor y olvídate de Dios. De pronto, un día lo encontrarás en todas partes.

DÍA **37** Sé tan silencioso como puedas. Siéntate cada vez más en calma; no sólo en calma corporal. Eso también es útil y crea una situación, pero no es el fin, es sólo el inicio. Es más importante que la mente esté en calma, que la mente detenga su parloteo constante. Y sí se detiene, sólo que nunca hemos tratado.

Lo único que se necesita es un proceso muy sencillo: siéntate en tu interior y observa. Deja que tu mente haga todo tipo de trucos y tú sólo observa sin hacer juicios, sin decir bien o mal, sin elegir ni rechazar, totalmente indiferente, tranquilo. Despacio, despacio, se aprende el juego al permanecer tranquilo e indiferente. Primero la mente intenta con todos sus trucos viejos, y luego empieza a sentirse avergonzada porque ya no te afecta de ninguna forma, ni así ni asá. Incluso si te afecta en su contra, la mente se sentirá a gusto: te habrá perturbado. Así que no te pongas en contra suya, no luches contra ella, y no caigas en sus trucos. Simplemente permanece distante.

Muchas veces te involucrarás; y cuando te des cuenta, sal de esa situación. Una vez más, tranquilízate, empieza a observar otra vez.

Surge un pensamiento, obsérvalo. Está enfrente de ti, obsérvalo. Entonces pasará de largo. Toma nota, sin tener idea de si es bueno o malo, de si tenía que ser o no, sin actitud moral, simplemente con una observación científica, tranquila. Entre tres y nueve meses después, la mente deja de parlotear.

Un día, de pronto ya no está, y ese día desciende un silencio que nunca habías conocido antes. Entonces no te abandona nunca: permanece contigo, se convierte en tu propia alma. Es liberador.

DÍA **38** Sé cada vez más silencioso. Cuando tengas la oportunidad, sólo siéntate en silencio sin hacer nada, sin siquiera meditar. Sólo siéntate en silencio sin razón alguna, sin propósito alguno. Despacio, despacio, el silencio crece, se vuelve una experiencia abrumadora. Y cuando el silencio te haya permeado todo, sabrás quién eres y sabrás de qué se trata la vida. Al saber eso, uno conoce la divinidad.

DÍA **39** Antes de que la muerte llegue, alcanza algo de la eternidad, obtén una probada de algo que sea eterno, inmortal; entonces la muerte no podrá destruirte. Entonces podrás morir bailando, cantando, riendo. Y ser capaz de morir cantando, riendo, bailando, es el mayor logro de la vida.

DÍA **40** La puerta hacia lo divino es la espontaneidad. Ser espontáneo es estar en la divinidad. La mente nunca es espontánea. Está en el pasado o en el futuro, en lo que ya no es o en lo que todavía no es. Entre ambos se va perdiendo de lo que es, y ésa es la puerta. El momento presente no es parte del tiempo; por lo tanto, el momento presente no está disponible para la mente. La mente y el tiempo son sinónimos. Puedes decir que la mente es el tiempo dentro de tu ser, y que el tiempo es la mente fuera de ti, pero son un solo fenómeno. El momento presente no es ni parte del tiempo ni parte de la mente. Cuando estés en el momento presente, estarás en la divinidad. Ése es el verdadero significado de la meditación, el verdadero significado de la oración, el verdadero significado del amor. Y cuando uno actúa en el momento presente, esa acción nunca es vinculante porque no es tu acción, es la divinidad actuando a través de ti. Es la divinidad fluyendo a través de ti.

DÍA **41** Deshazte de todos los límites, vuélvete infinito. Piensa sólo en términos de infinidad, de eternidad. Menos que eso nunca ha satisfecho a nadie y no va a satisfacer a nadie nunca.

El límite del cuerpo tiene que eliminarse. Estamos demasiado identificados con nuestro cuerpo. Pensamos que somos el cuerpo, pero no lo somos. Ésa es la primera falsedad que tenemos que eliminar. De esa falsedad surgen muchas otras. Si uno se identifica con el cuerpo, le tendrá miedo a la vejez, a la enfermedad, a la muerte. Nacen de esa identificación con el cuerpo.

Piensa en ti mismo como pura consciencia. No eres el cuerpo, eres el que está consciente del cuerpo. Y tampoco eres la mente.

Primero empieza a trabajar con el cuerpo, porque es más fácil empezar por lo bruto. Luego desplázate a lo sutil; mira a la mente como algo separado de ti. Cuando estés consciente de que no eres ni el cuerpo ni la mente, sentirás una gran libertad surgiendo en ti, sin obstáculos.

No habrá obstrucción alguna, ni muros, puro espacio abierto en todas direcciones. Entonces te tienes que deshacer de las barreras más sutiles, las del sentimiento.

Así, eso es lo más sutil. Primero el cuerpo, luego la mente, luego el corazón; y liberarse del corazón es estar iluminado.

DÍA **42** Todos somos extranjeros aquí. Éste no es nuestro hogar, nuestro hogar está en otro lado. Estamos en una tierra ajena. Permanecer fuera de uno mismo es permanecer sin hogar; entrar es estar de vuelta en casa. Ahora nos tenemos que esforzar por entrar. Habrá que mover todas las piedras. Habrá que arricsgarlo todo, porque nada es más precioso que esa entrega. Se puede perder todo por ello, se puede sacrificar todo, porque todo lo demás es trivial.

DÍA **43** La persona religiosa vive sin ego. Sabe: «Soy parte del todo, una parte intrínseca del todo, no estoy separado». Saber que no estás separado del todo te da una libertad inmensa. Te da vastedad, todo el cielo es tuyo. Ya no te identificas con un ego pequeño, muy pequeño. Somos vastos, pero nos hemos confinado a espacios pequeños; por eso hay tanta miseria. Es como tratar de meter un océano en una gota de rocío. Somos aves con alas que necesitan el cielo entero, pero que están encerradas. Nadie nos encierra, la ironía es que nosotros nos encerramos a nosotros mismos. Nosotros somos la cárcel, y somos el prisionero y somos el carcelero; no hay nadie más. Por eso los místicos lo llaman sueño: es un sueño. Cuando despiertas, te das cuenta: «Qué extraño. Me estaba persiguiendo un león, pero el león era yo y yo era el perseguido. ¡Y yo también era el espectador, el testigo de todo!». Así es la vida, como un sueño.

Ya es hora… Si los niños se divierten con juegos estúpidos, pueden ser perdonados. Necesitan descarriarse, necesitan cometer muchos errores. Pero conforme creces, ya no puedes ser perdonado.

Y el ego es el juego más estúpido, porque está en contra de la realidad, en contra de la existencia. Sannyas simplemente significa volverse consciente de que el ego es una entidad falsa, una creación nuestra, una proyección nuestra, y de que estamos atrapados dentro. Es como una telaraña: la araña crea la red desde dentro de sí misma. Nosotros vamos creando nuestras propias cárceles a partir de nuestra imaginación, deseos, recuerdos, ambición, celos. Y todo eso va formando estructuras sutiles a nuestro alrededor. Toda la estructura se llama ego; todo el trabajo de la mente se llama ego. Desde este preciso momento, vuélvete consciente de ello y despacio, despacio, sal de ahí.

DÍA **44** El ego es nuestro infierno y la ironía es que nosotros lo creamos. Lo creamos y lo sufrimos. Pero tenemos la capacidad de no crearlo y de alejarnos del sufrimiento. Cuando el ego y el sufrimiento desaparezcan, estarás en dicha.

La dicha es nuestra naturaleza; el sufrimiento es un fenómeno creado, arbitrario. La dicha no es creada: está ahí ahora, debajo del sufrimiento, como una corriente subterránea. No necesitas crearla, ya está ahí; simplemente no crees sufrimiento.

DÍA **45** El ego consiste en sentir y pensar que estamos separados de la existencia, que somos como islas. Eso es absolutamente falso. No existimos por separado, no podemos existir ni siquiera un instante por separado. El aliento que entra nos mantiene unidos con el exterior. Y no sólo respiramos con la nariz, respiramos a través de cada poro del cuerpo. Estamos sedientos: bebemos agua y el agua sacia la sed. Va continuamente del exterior al interior y del interior al exterior. La comida circula continuamente, el aliento está en circulación. Estamos en un intercambio constante con la realidad. No estamos separados; estamos unidos de mil y una maneras.

DÍA **46** El ego sólo puede existir si luchas. La rendición es veneno para el ego, de ahí el énfasis en la rendición. La lucha es alimento para el ego, la rendición es veneno.

Y el ego tiene que morir, sólo entonces podrás nacer. En una funda no puede haber dos espadas. O tú vives dentro y el ego sale, o el ego vive y tú tienes que ir bajo tierra. Así es como millones de personas viven, bajo tierra, y el ego está sentado en el trono. En la rendición, el ego desaparece y tu ser subterráneo empieza a salir, de regreso a su estado natural, a su estatus natural. Tu vida puede ser un instrumento de la existencia, una flauta de bambú en tus labios. Sólo tienes que estar hueco y dejarla cantar la canción que quiera. Y si no quiere, entonces el silencio es tan hermoso como una canción.

DÍA **47** El hombre que nunca ha conocido nada de meditación vive una vida estéril, como un desierto.

He oído de un turista estadounidense con su traje de baño puesto que corrió hacia el mar, transpirando. Se encontró a un hombre y le preguntó: «¿Qué tan lejos está el mar?».

El hombre miró al estadounidense, sintió mucha lástima por él y le dijo: «Sería difícil llegar, éste es el Sahara y el mar está al menos a 1200 kilómetros de aquí». El estadounidense dijo: «Entonces tendré que descansar aquí en la playa».

Puedes creer que tu desierto es una playa. Así es como la gente vive, creyendo que su desierto es una playa. Es simplemente un desierto. Por lo menos en el Sahara, después de 1200 kilómetros encontrarás el mar, pero en una vida sin meditación, el Sahara es interminable. Ni siquiera después de 1200 kilómetros…

DÍA **48** La dicha nunca es nuestro logro. No puede serlo porque sucede sólo cuando hemos desaparecido. Si seguimos ahí para reclamar lo que hemos logrado, es una pseudodicha, no es verdad, es sólo un sueño; pronto habrá desaparecido y tú regresarás a la miseria. La mente te ha jugado un mal truco, y la mente es muy maliciosa, muy política, muy diplomática. Siempre va encontrando formas y medios para mantenerte a su alrededor. Y el último truco que puede hacer es crear un sentido falso de dicha. La verdadera dicha siempre es un regalo de la existencia, y sólo puede suceder cuando el ego muere. El ego es la barrera. Cuando tú no eres, la existencia es, y la experiencia de la existencia sucediendo en tu silencio y nada totales, es dicha. Esa danza de la existencia en tu espacio absolutamente silencioso, sin interferencia alguna —sin mente, sin ego que la distorsione, que la perturbe, que la obstaculice— eso es la dicha.

El trabajo de la meditación es negativo; es destruir el ego. Entonces la dicha viene sola.

DÍA **49** Meditar significa volverse silencioso, tranquilo, sin pensamiento, pero completamente consciente. Meditar puede reducirse a una pequeña definición: nada de mente y toda la consciencia.

En este instante, no hay nada de consciencia y hay pura mente. En este instante 100% es mente y 0% es consciencia. Tenemos que cambiar el fenómeno entero: tenemos que lograr que la consciencia esté a 100% y la mente a 0%. Entonces uno se vuelve emperador. Entonces sabes que toda esa experiencia es tuya, que todas las estrellas son tuyas. Entonces no hay necesidad de poseer nada, ya es tuyo. No hay necesidad de desear nada, ya se te dio.

La existencia entera se te dio como un regalo, pero no hemos sido capaces de reconocerlo aún. No hemos sido capaces de ver lo que se nos ha dado: la vida, el amor, el gozo. Nos preocupan las cosas pequeñas y mundanas, desperdiciar nuestro tiempo, vida, energía.

La meditación pone en claro la realidad de quién eres y qué tienes realmente. Al saberlo, toda la miseria y ansiedad desaparecen. Al saberlo, uno está libre de toda oscuridad, uno se convierte en luz.

DÍA **50** Medita para que pueda suceder la oración. Y la única prueba de que la oración ha sucedido es que experimentarás la fragancia, y los demás experimentarán la fragancia de tu experiencia. La irradiarás. *Serás* ella, y toques lo que toques empezará a bailar de gozo. Incluso el polvo se transforma en oro con el toque de un hombre que sabe lo que es la oración.

La oración es magia pura, pero sale de la meditación, nunca a la inversa. Por lo tanto, yo insisto en la meditación, no en la oración, porque sé que la oración es inevitable. Si sucede la meditación, la oración es inevitable. Si la oración está, la fragancia es una consecuencia natural.

Así que no enseño a orar, no enseño a ser servicial con la humanidad porque sé que la meditación es lo único que se necesita. Una vez que la meditación esté ahí, todo llegará a su tiempo, en el momento exacto. La oración llega, y de la oración, el servicio a la humanidad: ésa es su fragancia.

DÍA **51** Una oración sin meditación es falsa porque depende de creencias, tienes que creer en un Dios que no conoces. ¿Cómo podrías realmente orar a un Dios que no conoces? Puedes engañar a otros y a ti mismo, pero la oración no puede surgir de la creencia; eso sería básicamente deshonesto. Y si la oración es deshonesta, ¿qué podría ser honesto en la vida?

Pero hay millones de personas en el mundo que no saben nada de meditación y aun así siguen orando. Cargan flores de plástico y creen que son rosas. Siguen orando, pero sus vidas no tienen ni fragancia ni oración. Al contrario, sus vidas apestan a todo tipo de celos, odio, violencia, avaricia. Parece no haber ninguna fragancia.

Mi propia observación es que la religión verdadera empieza en la meditación. Meditar significa un estado de silencio sin pensamiento. Y cuando estás en silencio absoluto, sin pensamiento alguno que perturbe tu silencio, que lo agite, el gozo de tal silencio es tan enorme que le agradecerás al universo. Es imposible no hacerlo, es imposible no sentirse agradecido. Ya no es cuestión de creencias: conoces la dicha, has experimentado el silencio, su música. Y con la música, tu corazón está lleno de oración. Te inclinas ante la existencia.

DÍA **52** La oración no es nada más que silencio, silencio puro. No le dices nada a nadie; el otro está absolutamente ausente. No hay contento en tu consciencia, ni siquiera una pequeña onda en el lago de la consciencia: todo está tranquilo y en silencio.

No se dice nada, pero el latido de tu corazón, el flujo de tu sangre, la misma gracia que rodea ese silencio es la oración; y el sentimiento inmenso de inclinarte ante la existencia entera por todo lo que ha hecho por nosotros.

Por eso yo no enseño a orar, yo sólo enseño el silencio; la oración es un resultado necesario del silencio, es un brote del silencio. Tú trabajas para crear silencio, y cuando tu trabajo esté completo, llegará la oración. Es como cuando llega la primavera y los árboles se llenan de flores. Crea silencio y habrás creado la primavera. Ahora las flores no están lejos, llegarán. Es parte de la ley última, *aes dhammo sanantano*. Son palabras de Buda. Ésa es la ley, la ley última: crea silencio y serás bendecido con la oración.

DÍA **53** Todos amamos la dicha. Hagamos lo que hagamos, buscamos dicha. En cualquier acto —bueno o malo, moral o inmoral, material o espiritual— la búsqueda es la misma, la búsqueda por el más grande amor. Y eso es la dicha. Si uno busca la dicha inconscientemente, no la encontrará. Mucha gente va buscando y buscando, pero sólo encuentra miseria. Y entre más logran, más miserables se vuelven. La razón es que su búsqueda es inconsciente. Todavía no están alerta a lo que realmente buscan.

Cuando te vuelves consciente de que la dicha es tu meta, las cosas se vuelven simples. Dios no es tu meta, la verdad no es tu meta. Son diferentes nombres que le das a la dicha. Todos esos nombres tienen que eliminarse para que puedas enfrentar la meta última en su desnudez total, porque una vez que sabes cuál es la menta, las cosas se vuelven sencillas. Una vez que conoces la meta, inmediatamente conoces el camino; una vez que reconoces que la dicha es tu meta, ya no necesitas salir al exterior, porque la dicha es nuestra propia naturaleza. El camino es hacia adentro, no hacia afuera. No te tienes que apresurar y correr a buscarlo. Tienes que ser más tranquilo y silencioso.

Y cuando estés en silencio y tranquilidad total, brotará dentro de tu ser.

DÍA **54** Un hombre de consciencia, una persona meditativa, nunca se distrae, porque lo observa todo. Observará el teléfono sonar, al niño llorar, a los vecinos y su radio subir y subir de volumen; él no tiene nada que ver con eso. Está tranquilo y calmado y abierto por todos lados. Así que, pase lo que pase —si el tren silba, si los aviones pasan, si hay un llamado distante del cuco— todo está incluido. La concentración significa que sólo una cosa está incluida, todo lo demás está excluido. La meditación significa que todo está incluido, nada está excluido; simplemente estás descansando dentro de ti mismo.

Es un truco. Si lo sigues practicando, despacio, despacio, aprendes el truco. Y cuando has aprendido el truco de la meditación, eres un ser nuevo. Es un nuevo nacimiento, el verdadero nacimiento, porque en ese preciso momento sabes que no eres ni el cuerpo ni la mente, eres consciencia pura. En ese preciso momento sabes que esa consciencia pura estaba antes del nacimiento y permanecerá después de la muerte.

Es inmortal. Es el descubrimiento de la inmortalidad. Y descubrir la inmortalidad es descubrir la divinidad, descubrir la inmortalidad es descubrir la eternidad.

DÍA **55** Aprende a desaparecer, a evaporarte. Aprende a no ser. Ése es el mayor arte de la vida, porque el ego es malicioso: siempre encuentra la manera de entrar por la puerta trasera. Se puede volver humilde, piadoso, santo, sagrado. Puede jugar todo tipo de juegos. Un sannyasin tiene que estar constantemente alerta para no permitir que el ego siga jugando.

Debes estar atento. Y entre mejor conozcas los juegos del ego, más libre serás, porque ya no podrá usar contra ti cualquier estrategia que ya conozcas. Despacio, despacio, todas las puertas se cerrarán. Un día, cuando la última estrategia se haya derrumbado, estarás libre de ti mismo.

Eso es la liberación. Y ésa es la meta última de todo esfuerzo religioso. Sólo en ese estado de liberación uno puede saber qué es la verdad.

DÍA **56** Haz un esfuerzo por ponerle más y más énfasis a lo interior, más y más tiempo y espacio a lo interior. Y sólo es cuestión de recordar.

Despacio, despacio, tu consciencia da un giro. Y cuando empieces a enfrentarte a ti mismo, te estarás enfrentando al mayor fenómeno, a la experiencia más hermosa de la vida, la más exquisita, porque estarás viendo la vida en su gracia y esplendor intrínsecos.

DÍA **57** El hombre nace con una flama muy pequeña de divinidad dentro de él, pero está escondida detrás de capas y capas de oscuridad. Así que, cuando uno entra en sí mismo, primero tiene que atravesar la jungla oscura, y eso es lo que asusta a muchas personas. Mucha gente trata de entrar, pero luego vuelve a escapar porque la oscuridad los asusta mucho. Se parece a la muerte.

Los místicos cristianos le han dado el nombre correcto: la noche oscura del alma. Pero uno tiene que atravesar la noche oscura, de lo contrario, no hay amanecer. La noche oscura es el vientre materno del amanecer.

Necesitas un maestro que te ayude a atravesar la oscuridad.

Cuando hayas visto tu propia luz, ya no necesitarás más ayuda. Estarás agradecido con el maestro, pero habrás llegado a casa, la travesía habrá terminado.

DÍA **58** Cuando tengas tiempo, olvida el exterior; es superficial. Sumérgete en el interior y encontrarás la luz, la luz que es nuestra propia vida, la luz que es de lo que estamos hechos y de lo que está hecho todo el universo.

En los viejos tiempos, a eso se le llamaba *Dios*. Ahora, esa palabra se ha vuelto un poco peligrosa. A la gente no le gusta esa palabra; parece un poco obsoleta. Huele a sacerdocio, a iglesias, y el olor no es agradable.

Así que no digo que vayas a encontrar a Dios adentro. Pero no puedo evitarlo, sí lo encontrarás. Esa luz es Dios. Y a menos de que sepas que eres algo eterno que no puede destruirse con nada, permanecerás en la circunferencia, como un accidente.

DÍA **59** La religión no es nada más que el simple arte de disolverte en el todo. El todo se llama Dios. Por eso el hombre que ha alcanzado a Dios se llama sagrado. Se ha vuelto completo, ya no está separado; ha dejado esa estúpida idea de estar separado. Ya no es como un cubo de hielo, se ha fundido y fusionado con el océano.

Y ese momento es el momento de la gran dicha. Después de eso, uno nunca puede caer de la dicha, no hay forma de caer. Aunque uno quiera ser miserable, no puede serlo.

La gente ordinaria que vive como ego se empeña en ser dichoso, pero no puede serlo, sigue siendo miserable. Y la gente que se rinde, aunque trate de ser miserable, no puede serlo. La dicha es la consecuencia de la rendición; y la miseria es la consecuencia de la resistencia.

DÍA **60** Una vez encontrada tu luz interior, tu vida no es más que dicha pura. No es sólo dicha para ti, se vuelve contagiosa, empieza a afectar a los demás. Los que son receptivos empezarán a sentir algo cuando estén cerca de ti. Sus corazones responderán, algo en su ser resonará, una especie de sincronía.

Un hombre que se vuelve dichoso puede desatar el proceso en miles de personas. Por lo tanto, mi interés no está puesto en la sociedad, sino en los individuos. Si puedo transformar a unos miles de personas, con eso bastará, ellas encenderán a 1000 más. Y es un proceso interminable, que sigue y sigue.

DÍA **61** El hombre no es tan pequeño como aparenta desde el exterior. Contiene el cielo entero dentro de sí, contiene todos los océanos. Sí, parece una gota de rocío, pero su apariencia engaña. Y la ciencia sigue trabajando en la apariencia, en la gota de rocío.

Los que han penetrado más profundo en la consciencia humana se sorprendieron al encontrar que, entre más profundo, el hombre se vuelve más vasto. Cuando llegas al mero centro, él es todo el universo. Y ésa es la experiencia de la divinidad. Medita y ve más profundo. Ya está ahí, sólo tenemos que descubrirlo.

DÍA **62** Todo lo que te aporte dicha es alimento para el alma. Y no es sólo que el cuerpo de la gente esté muriendo de hambre, sus almas están mucho más hambrientas.

Así que, desde este momento, está alerta: escoge la dicha lo más posible. Evita la miseria; nunca coopères con la miseria que a veces te rodea. Te rodeará, así como las nubes llegan un día y al día siguiente está soleado. Mira las nubes, mira el sol, y recuerda que estás separado de ambos. Hay momentos oscuros, hay momentos de luz, nos desplazamos en una rueda de día y noche, nacimiento y muerte, verano e invierno. Pero si podemos recordar que no somos nada de eso, la dicha surgirá. Entonces, uno de pronto estará en paz consigo mismo y con la existencia. Eso es la dicha, esa armonía, ese acuerdo, esa sintonía.

Y cuando hayas aprendido a ser dichoso tu alma empezará a crecer. De lo contrario, se queda como semilla, nunca se convierte en árbol. Y a menos de que la semilla se convierta en árbol y que el árbol florezca y dé mucho fruto, la vida es un desperdicio.

DÍA **63** Alguien miserable, a sabiendas o sin saberlo, va creando miseria para los demás. Es algo que no puede evitar; sólo puede dar lo que tiene. Incluso aunque no quiera aportar miseria a los demás, es víctima de su propia miseria. Aunque quiera hacer el bien, el resultado final será malo. A pesar de sus buenas intenciones, sus acciones traerán miseria, porque nada puede surgir de una persona miserable que pueda traer dicha a la gente. Ésa es la definición del bien, de la virtud: ayudar a la gente a ser dichosa. Pero tú sólo puedes dar lo que tienes; por lo tanto, para mí la dicha es virtud, la única virtud.

Sé dichoso, eso es lo que yo enseño. No te enseño a ser virtuoso porque eso es secundario, es un resultado. Yo te enseño la transformación real dentro de ti. Pasa de la miseria a la dicha y entonces, hagas lo que hagas, será bueno; no podrá ser de otra forma.

DÍA **64** La dicha es sólo para los valientes, atrevidos, valerosos, porque la dicha sólo se da cuando has trascendido lo conocido y has pasado a lo desconocido. Cuando estás confinado a lo conocido, tu vida se vuelve rutinaria, repetitiva. Se sigue moviendo en la misma zanja, da vueltas en círculos, y despacio, despacio, apaga toda tu sensibilidad, toda tu receptividad.

Endurece a la gente. La vuelve ciega, sorda, muda, porque no hay nada que ver y nada que oír y nada que probar y nada que sentir. Ya lo conocen todo; es la misma repetición. ¿Cómo puede haber dicha en esa vida? Esa vida sólo tiene un sabor, el de la miseria, la depresión, la tristeza, una tristeza establecida. Pero si uno es lo suficientemente valiente para moverse continuamente de lo conocido a lo desconocido, de lo familiar a lo no familiar…

Es arriesgado porque lo familiar es seguro. Y ¿quién sabe qué pasará si entras en lo desconocido, en lo inexplorado? Toma tu barquita y adéntrate en el mar inexplorado. ¿Quién sabe si regresarás a la vieja orilla otra vez? ¿Quién te lo puede garantizar? No hay garantía. Pero a menos de que estés listo para vivir en un estado tan peligroso, no podrás ser dichoso. Vive peligrosamente, porque la vida no conoce otro camino: tiene que vivirse peligrosamente. Recuérdalo como una de las cualidades más fundamentales de la vida religiosa, en particular, de la forma en que yo veo la religión.

DÍA **65** El mayor valor del mundo es no imitar a otros, vivir su propia vida tan auténticamente como sea posible, cueste lo que cueste. Aunque pierdas la vida en vivir tu propia vida, vale la pena porque así es como nació el alma. Cuando uno está listo para morir por algo, en esa misma agonía —la palabra *agonía* significa lucha— en esa misma lucha uno nace, es un dolor de parto. Se necesita valor, agallas.

Vive sin que te molesten los moralistas, los puritanos, los sacerdotes, la gente estúpida que va dando consejos. Vive tu vida. Aunque la vivas en el error, es mejor vivir la propia vida en el error que estar en lo correcto según alguien más; el que está en lo correcto según alguien más es falso, y el que se equivoca por decisión propia aprenderá de sus errores tarde o temprano. Madurará a partir de ello, se beneficiará de ello. El único que aprende es el que está preparado para cometer errores, y la mejor forma de cometerlos es no escuchando a los demás, ¡dedícate a lo tuyo!

DÍA **66** La vida es para los valientes. El cobarde sólo vegeta. El cobarde duda, y para cuando decide, el momento ya se fue. El cobarde sólo piensa en vivir, pero nunca vive, piensa en amar, pero nunca ama. Y el mundo está lleno de cobardes. El cobarde tiene un miedo básico, el miedo a lo desconocido. Se mantiene dentro de los límites de lo conocido, de lo familiar. El valor empieza cuando cruzas los límites de lo conocido.

Es arriesgado, es peligroso. Pero entre más arriesgues, más serás. Entre más aceptes el reto de lo desconocido, más integrado estarás. El único gran peligro es que el alma nazca; de lo contrario, la persona será sólo el cuerpo. Para millones de personas, el alma es sólo una posibilidad, no una realidad. Sólo muy pocos valientes han estado llenos de alma.

DÍA **67** Las dos cualidades, ser valiente y ser dichoso, preparan el terreno para que Dios descienda en ti. Tienes que ser valiente, porque la divinidad es desconocida. Lo que sea que hayas oído sobre Dios, cuando realmente lo conozcas, quedarás sorprendido. Todo lo que oíste sobre él era un total sinsentido, ¡estupideces! No hay forma de describir la experiencia. La divinidad permanece indefinible, inexpresable. Es tan desconocida que ni siquiera los que la han experimentado pueden relatar su experiencia a nadie más; uno simplemente permanece mudo. La palabra *místico* es muy hermosa. Su significado original es el siguiente: el que se ha vuelto mudo al experimentar, el que ha atravesado una verdad tal que sólo puede decir que es misterioso, que es un misterio, lo que es decir nada.

DÍA **68** Cuando escalas hacia las alturas para alcanzar a Dios —porque ésa es la única verdadera altura, todo lo demás está mucho más abajo—, cuando tratas de alcanzar a Dios, te conviertes en el ascendente. Y el milagro es que cuando empiezas a ascender hacia Dios, Dios empieza a descender hacia ti.

El encuentro siempre se da en algún punto intermedio, no es de un solo sentido. No es sólo que el que busca se mueva hacia Dios; cuando el que busca empieza a moverse, Dios empieza a moverse, es simultáneo. De hecho, son dos polos de un proceso: el que busca y el buscado; es un solo fenómeno. Pero Dios no puede descender en ti a menos de que tú empieces a ascender.

La gente vive como si esta vida mundana fuera todo lo que hay. La gente vive como si no hubiera nada más alto posible. Hay una posibilidad inmensa. El hombre llega con un gran potencial. La cima última de todo ser humano es la divinidad.

DÍA **69** Antes de que la dicha pueda suceder tienes que integrarte como una piedra. La gente es como arena, miles de fragmentos, una multitud, una muchedumbre: no son uno. Y la dicha sólo puede suceder cuando eres uno; de lo contrario, tu multitud interior seguirá haciendo ruido, conflicto, lucha, tensión, angustia.

Toda la multitud tiene que fundirse en una unidad. Cuando se da la integración, la dicha llega naturalmente como resultado. La dicha es un derivado de la integridad interior, y la piedra representa la integración.

DÍA **70** Toda la existencia está rodeada de una energía divina que te protege, que se preocupa por ti, que siempre está disponible. Si te la sigues perdiendo, es sólo tu culpa. Si mantienes tus puertas cerradas, el sol podrá estar afuera, pero tú vivirás en la oscuridad. Incluso aunque las puertas estén abiertas y el sol esté afuera, puedes mantener los ojos cerrados y seguir viviendo en la oscuridad. Lo mismo pasa con la existencia: su amor siempre está ahí, pero nuestro corazón no está abierto, nuestro corazón está cerrado. Sannyas significa abrir el corazón. Hacer que tu corazón esté disponible a la existencia para que puedas recibir, para que puedas latir con el todo, de acuerdo con el todo. Y entonces, la gran bendición será tuya.

DÍA **71** Los meditadores tienen que ser más inteligentes que las demás personas. Si no lo son, su meditación es falsa, no saben lo que es la meditación; están haciendo algo más en nombre de la meditación.

Alguien que medita será más sensible, más inteligente, más creativo, más amoroso, más compasivo. Esas cualidades crecen por voluntad propia. Y todo el secreto radica en una cosa: aprende a detener la mente. Cuando sepas detener la mente, te habrás convertido en el amo, y la mente será un mecanismo hermoso. Úsala cuando quieras usarla, cuando sea necesaria, y apágala cuando no lo sea.

DÍA **72** Vuélvete cada vez más consciente de todo lo que haces, de todo lo que piensas, deseas, imaginas, sueñas. Sólo recuerda que tienes que ser consciente de todo. Al caminar, sé consciente; al comer, sé consciente; al pensar, vigila los pensamientos que atraviesan tu mente. Y un día, cuando hayas aprendido el truco de observar, te sorprenderá que continúe incluso en el sueño. Vigila los sueños. Sabrás qué tipo de sueños están pasando, y sabrás que son sueños. Ese día, cuando puedas observar tus propios sueños, será el día de la gran transformación. A partir de ese momento, serás un nuevo ser. Entonces entrarás al mundo de la realidad.

Al observar los sueños, los pensamientos, los deseos, despacio, despacio, nos convertimos en el vigilante, nos desidentificamos de todo lo que observamos, nos convertimos en el testigo. Y ese testigo es la realidad última.

DÍA **73** Si miras a tu alrededor y ves las llamadas vidas religiosas, una cosa es segura: toda religión ha sido destructiva. Ha sido un obstáculo para la gente, la ha obstruido, la ha vuelto tan temerosa de todo que los pequeños gozos de la vida —incluso tomar el té— se convierten en pecado. Beber agua de noche se convierte en pecado. Una vez que empiezas a convertir todo en pecado, ya no puedes vivir, sólo te arrastras.

Mi enfoque es totalmente diferente. Son errores, pero no son pecados en absoluto. Hay errores, pero no pecados. Y uno puede cometer errores porque sólo así se aprende. Sólo tenemos que recordar una cosa: no cometas el mismo error una y otra vez, porque es estúpido. Debes explorar la vida, y al explorarla, a veces te descarriarás. Si te da mucho miedo descarriarte, no podrás explorar. Entonces toda la aventura de la vida estará pulverizada, muerta, destruida. Y eso es lo que ha hecho la llamada gente religiosa: han hecho a la religión demasiado seria, demasiado sombría, le han puesto una cara larga a la religión.

Mi intención es darte gozo, gusto de vivir, valor para ser aventurero, para moverte sin miedo y explorar todas las posibilidades que la vida pone a tu disposición, sin miedo a expandirte y ser abierto y vulnerable. Como Dios es nuestro juez, no debemos tener miedo. Finalmente, el día del juicio, cuando veas a Dios, podrás decirle: «Sí, he estado bebiendo… Por favor perdóname. También he probado otras cosas». Y creo que él entenderá. ¡No te preocupes!

DÍA **74** Es difícil deshacerse de lo viejo, pero tenemos que deshacernos de ello porque sólo así es posible lo nuevo. Es difícil aceptar lo nuevo, porque es nuevo y no estamos familiarizados con eso. Es un extraño, y en el fondo somos aprensivos y temerosos. Pero tenemos que aprender a amar lo nuevo; de lo contrario, ningún crecimiento es posible. Crecer simplemente significa tener valor para dejar lo viejo, y valor para amar lo nuevo. Y no se hace sólo una vez, se tiene que hacer todo el tiempo, porque todo el tiempo algo se vuelve viejo y algo nuevo toca a la puerta. Cuando eso suceda, escucha lo nuevo y vuélvete completamente sordo a lo viejo.

Lo viejo funciona como sumisión, lo nuevo trae libertad. La verdad siempre es nueva. La existencia siempre es fresca, tan fresca como las gotas de rocío al sol de madrugada.

DÍA **75** La verdad no está disponible prefabricada. No se encuentra en las tradiciones ni las escrituras. Se tiene que investigar, explorar, y todos tenemos que hacerlo. Yo puedo haberla encontrado, pero no te la puedo dar. No es que no quiera dártela, sino que no es transferible. Simplemente no se puede dar; no hay forma de entregarla. Cuando la das, se convierte en mentira. Cada quien la tiene que descubrir por sí mismo.

Buda puede mostrar el camino, pero tú tendrás que hacer la travesía completa. Es una travesía larga, ardua, pero inmensamente hermosa. Cada instante está lleno de sorpresas, cada instante está lleno de maravillas.

DÍA **76** La verdad sólo está disponible para la consciencia inocente, una consciencia que sea tan inocente como un niño, una consciencia que no sepa nada. Cuando sabes, tu espejo se llena de polvo, el conocimiento junta polvo como un espejo. Cuando no sabes nada, estás lleno de asombro y admiración, tu espejo está limpio. Y ese espejo limpio refleja la verdad.

DÍA **77** La verdad no es algo que tenga que alcanzarse, ya está dentro de nosotros. Nosotros somos la verdad, el que busca es el buscado. Pero seguimos corriendo por aquí y por allá buscando la verdad. No la vamos a encontrar nunca en ningún otro lugar; por lo tanto, la única forma de encontrarla es dejar de buscar en el exterior. La única forma de encontrarla es sentarse en silencio y mirar hacia adentro. No es cuestión de hacer algo, es más cuestión de no hacer nada.

Cuando estás en un estado de no-hacer, completamente relajado, sucede, brota. Siempre ha estado ahí, pero tú nunca has estado ahí. El encuentro se da cuando tú también estás dentro de ti mismo.

DÍA **78** Dentro de ti, arde una lámpara. Siempre ha estado ahí, pero nunca la vemos. Le damos la espalda; por lo tanto, vivimos en la oscuridad.

La oscuridad es nuestra creación. Si nos damos la vuelta, todo es luz; si vemos hacia el otro lado, todo es tinieblas. La oscuridad simplemente significa que nos hemos enfocado en el exterior y hemos olvidado el mundo interior.

DÍA **79** Nacimos de la luz, vivimos en la luz, morimos en la luz: estamos hechos de luz. Éste ha sido uno de los mayores hallazgos de los místicos de todos los tiempos.

En los últimos 20 años, los científicos ya dijeron estar de acuerdo; tenían que estar de acuerdo. Hace sólo 20 años se reían de los místicos, pensaban que decían puros sinsentidos: «¿El hombre hecho de luz? Deben de estar hablando metafóricamente, no literalmente». Pero los místicos lo decían literalmente.

Ahora, la ciencia no sólo dice que el hombre está hecho de luz, sino que todo está hecho de luz; todo está hecho de electrones, de electricidad. La ciencia ha llegado a esta comprensión a través de una ruta muy, muy larga. La ruta objetiva es una ruta muy larga; la ruta subjetiva es muy sencilla, la más corta posible, porque sólo tienes que mirar hacia adentro. No se necesita nada más: ningún laboratorio ni instrumento ni aparatos sofisticados, no se necesita nada más, sólo el arte de cerrar los ojos y ver hacia adentro. Eso es la meditación: el arte de mirar hacia adentro. Y cuando desaparecen los pensamientos y la mente está en silencio total, se ve la luz interior. Es una revelación. Una vez que hayas visto tu luz, quedarás sorprendido: ahora podrás verla en todos los demás. Entonces la existencia entera no es más que un océano de luz. No es materia, es energía pura.

DÍA **80** Durante siglos, se había pensado en Dios como luz. Eso se debe a nuestro miedo a la oscuridad. No es que Dios sea sólo luz: Dios es tan tinieblas como luz. Dios tiene que ser ambos; de lo contrario, la oscuridad no existiría. Dios tiene que ser lo más bajo y lo más alto, materia y mente. Dios tiene que ser el todo, y el todo contiene los polos opuestos. Dios no puede ser sólo luz. Es por nuestro miedo a la oscuridad que nunca hemos pensado en Dios como oscuridad, y eso no tiene nada que ver con Dios.

Y acercarse a Dios a través del miedo no es correcto. Nos deberíamos acercar a Dios sin temor, en amor profundo, no por miedo. Si miras con miedo, proyectarás tu miedo. Verás cosas que no están y no verás cosas que sí están. Cuando no tienes miedo, ves con absoluta claridad. El miedo es como humo que te rodea, como nubes. Y Dios sólo se puede ver con claridad, absoluta claridad, claridad incondicional, nada más que claridad. Entonces Dios es ambos: es tanto luz como oscuridad. Entonces es verano e invierno, vida y muerte. Entonces la dualidad desaparece y surge una inmensa unicidad en tu visión. Esa unicidad trae dicha. Esa unicidad trae libertad.

Estamos limitados por lo dual y sólo nos puede liberar la unidad. Como dijo Plotino: «La búsqueda de Dios es un vuelo de lo solo hacia lo solo». Empieza a ver la oscuridad como divina. Empieza a ver todo como divino porque todo es divino, lo sepamos o no, lo reconozcamos o no. Nuestro reconocimiento es irrelevante: la existencia es divina. Si lo reconocemos, nos regocijamos; si no lo reconocemos, sufrimos innecesariamente.

DÍA **81** El hombre parece muy finito, muy pequeño, como una gota de rocío. Pero contiene todos los océanos, contiene todos los cielos. Si ves desde el exterior, es muy pequeño, diminuto; puro polvo, nada más; polvo sobre polvo. Pero si ves desde el interior, desde su centro, es el universo entero.

Ésa es la diferencia entre ciencia y religión: la ciencia ve al hombre desde el exterior y no encuentra nada espiritual, nada divino, pura fisiología, química, biología, otro tipo de animal. Por lo tanto, los científicos siguen estudiando a los animales para entender al hombre; los animales son más simples, fáciles de manipular. Así que los científicos siguen investigando con ratas, y lo que sea que concluyan, siguen insistiendo que lo mismo sucede con la humanidad. Por supuesto que es un poco más complejo, pero básicamente es lo mismo. La ciencia ha reducido al hombre a una rata. Y el hombre ahora sólo puede entenderse estudiando ratas o perros. Pavlov estudiaba a los perros para entender al hombre, y Skinner estudia ratas.

El hombre sólo debe entenderse mediante el estudio de los budas, cristos, krishnas. Siempre recuerda que esto es fundamental: no puedes entender lo más alto entendiendo lo más bajo, pero puedes entender lo más bajo entendiendo lo más alto. Lo más alto contiene lo más bajo, pero lo más bajo no contiene lo más alto. La única forma de entender al hombre no es desde el exterior, no es a partir de la observación, sino a través de la meditación. Uno tiene que entrar en su propia interioridad, en su propia subjetividad.

Al pararse ahí, uno logra conocer la mayor maravilla y admiración: el hombre no es más que divinidad.

DÍA **82**

La ciencia le dice a la gente: «No son más que animales. Los seres humanos son sólo una especie de animal». Y han estado propagando la idea durante 300 años. Ha penetrado muy profundo en nuestra sangre y huesos y tuétano. No somos animales. De hecho, los mismos animales no son animales. Somos divinos, y los animales también lo son. La religión está arraigada en la visión del hombre como ser divino, de que el universo es divino.

La ciencia reduce todo al mínimo común denominador. Si le llevas una flor de loto al científico dirá que no es más que lodo porque crece en el lodo, surge del lodo. Si le llevas lodo a un místico dirá: «No te preocupes, hay miles de lotos escondidos ahí, porque los lotos crecen del lodo». El mundo necesita otra vez una visión religiosa. Mi intención es darte la perspectiva de que no eres lodo, de que eres lotos. Ni siquiera el lodo es lodo, porque contiene lotos y se puede transformar en lotos; es sólo una forma primaria de lotos.

La religión observa desde el punto más alto y hace de él el factor decisivo. La ciencia observa desde el punto más bajo y hace de él el factor decisivo. Desde este momento, ésta tiene que ser tu visión: eres divino, al igual que todo el universo. Con esa visión es fácil ascender, porque si no hay ascenso, no hay posibilidad de nada más alto, entonces a uno se le olvida todo el asunto de transformarse a sí mismo. Si hay una posibilidad, uno empieza a perseguirla. La posibilidad está. Los budas son prueba suficiente, evidencia suficiente.

DÍA **83** Todo mundo es Dios. Nadie puede ser nada más porque sólo Dios existe: Dios es sinónimo de existencia. *Ser* significa ser un Dios. Pero no lo recordamos, lo ignoramos por completo. Así que la cuestión no es cómo *alcanzar* la divinidad, la cuestión es cómo recordarla. Es un lenguaje olvidado.

Mi intención es ayudarte a recordar algo que ya está ahí. No se tiene que alcanzar nada. Sólo tienes que descubrirte a ti mismo, descubre quién eres, y sabrás que eres Dios.

Y cuando sepas que eres Dios, toda la existencia se volverá divina, entonces todos serán Dios. Y cuando toda la existencia te parezca divina, será un gozo inmenso. Estarás rodeado de divinidad. Naturalmente, el gran regocijo surgirá en tu corazón.

DÍA **84** El hombre es un puente entre el mundo animal y el mundo de lo divino. El hombre sólo está en medio, es un pasaje; por lo tanto, el hombre no es realmente un ser. Un perro tiene cierto ser, el león tiene cierto ser, un rosal tiene cierto ser, una piedra tiene cierto ser. El hombre no tiene ninguno.

El hombre es una conversión, no un ser. El hombre se convierte en ser sólo cuando ha trascendido la humanidad, cuando se ha convertido en un buda, en un cristo. Entonces alcanza el ser, pero entonces deja de ser hombre. Ha atravesado el puente.

Atraviesa el puente; recuerda, no construyas tu casa sobre el puente. Es algo por donde se tiene que pasar, algo que se tiene que trascender. Y ésa es la belleza del hombre. Ningún perro puede ser nada más que perro; ninguna piedra puede ser nada más que piedra. Tienen un ser fijo; no hay posibilidad de crecimiento. Sólo el hombre crece. Sólo el hombre tiene la posibilidad de la aventura, de viajar hacia lo desconocido. La mayor belleza del hombre, su mayor grandeza, es que se puede sobrepasar a sí mismo.

DÍA **85** La meditación te lleva hacia lo oceánico: de la pequeñez a la vastedad, de la limitada estructura cuerpo-mente a la consciencia ilimitada, de lo finito a lo infinito, del tiempo a la eternidad, del nacimiento y la muerte a la vida eterna.

El único requisito es deshacerse de la noción de ego, lo que no es difícil para la gente inteligente. Es difícil para los estúpidos, pero para ellos todo es difícil. Entre más inteligente sea alguien, más fácilmente se puede deshacer de la idea, porque puede ver que es una noción absolutamente equivocada. No podemos estar separados, no podemos existir ni un instante en la separación. Si no entra aire, estamos perdidos. Estamos continuamente intercambiando.

Respirar significa el puente entre nosotros y el todo. La respiración es como las raíces en el todo: cuando sacas un árbol de la tierra, empieza a morir. Pierde sus raíces; eran su alimento. El que deja de respirar, muere. Respirar es una forma sutil de nuestro ser arraigado en el todo. La mera palabra *respiración* significa vida, porque sin la respiración no hay vida.

DÍA **86** La meditación es el arte de aterrizar en tu mero centro. Vivimos en la circunferencia, ¿cómo podemos saltar de la circunferencia al centro? Ése es todo el arte. Yo la llamo un arte y no una ciencia porque la ciencia es más matemática y el arte es más artístico, más poético. En la ciencia no hay excepciones, sigue leyes universales. En el arte hay excepciones; de hecho, cada individuo alcanza su centro de una forma ligeramente distinta a la del resto, porque cada individuo tiene algo único. Ésa es la divinidad y la gran gracia del universo: sólo hace individuos únicos. Meditar es el puente entre la circunferencia y el centro, entre lo exterior y lo interior, entre la mente y la no-mente, entre la materia y la consciencia.

DÍA **87** Meditar es el mayor milagro que existe. Es el mayor regalo que le han dado los iluminados a la humanidad. La ciencia ha dado muchas cosas, pero nada comparado con la meditación. Y uno no puede concebir que la ciencia vaya a ser capaz algún día de dar algo comparable a la meditación. Hasta ahora, la meditación ha sido el mayor regalo para la humanidad, y seguirá siendo el mayor regalo siempre. Eso se puede predecir con seguridad por la sencilla razón de que la ciencia sigue estudiando el mundo objetivo; la meditación te da maestría sobre tu existencia subjetiva, tu mundo interior, y el interior siempre es superior al exterior.

DÍA **88** Muere a cada instante para el pasado y permanece fresco, y así tu vida será una gran aventura. Y sólo los aventureros podrán saber qué es la verdad. Los no aventureros viven en cómodas mentiras. A menos de que seas un rebelde, no alcanzarás la fragancia. Es sólo a través de la rebelión contra las tradiciones podridas que uno se vuelve fragante. La tradición apesta, y si sigues siendo parte de ella, seguirás apestando.

El pasado está muerto, es un cadáver, y vivir aferrado al pasado es asqueroso. Pero eso es lo que hacen millones de personas. Nos tenemos que deshacer del pasado. Sólo eres cuando estás libre del pasado; eres por primera vez, por primera vez eres un individuo auténtico. Y esa autenticidad trae fragancia. Tu corazón se abre en una hermosa flor, te conviertes en loto.

DÍA **89** El hombre puede vivir de dos maneras. Puede vivir una vida encerrada por todos lados, encapsulada. Hay razones por las que millones de personas escogen ese tipo de vida, porque es segura, acogedora, pero les falta algo mucho más valioso, porque carecerán de aventura y de la exploración de la verdad y de la divinidad y del amor, carecerán de luz. De hecho, carecerán de todo, y lo que obtendrán será sólo una muerte cómoda. Su vida es la vida de la tumba. Por supuesto que en una tumba no hay peligro, no puedes volver a morir. Es el lugar más seguro, pero incluso aunque sea seguro, has perdido la vida. Friedrich Nietzsche tenía una frase escrita en oro en su mesa. Consistía en sólo dos palabras: *Vive peligrosamente*. Alguien le preguntó: «¿Por qué la tienes ahí?». Él dijo: «Porque la mente siempre quiere deslizarse hacia la comodidad, hacia lo familiar, incluso aunque lo familiar sea miserable. A la mente siempre le gusta lo que conoce bien, con lo que está familiarizada. Podrá no ser un gozo, pero aun así, estará en terreno conocido. Y la dicha sucede sólo cuando te desplazas hacia lo no familiar, cuando te metes al mar inexplorado».

La divinidad es posible sólo cuando uno aprende a vivir el segundo tipo de vida. El primero es el encapsulamiento. Es la elección de millones. Por eso sólo somos tumbas vivientes: sólo vivimos en el sentido animal de estar vivos; de hecho, vegetamos. No tienen alma. Gurdjieff decía que muy poca gente tenía alma, y tenía razón porque un alma necesita cierta oportunidad para crecer, necesita retos, necesita una especie de vulnerabilidad, todas las ventanas y puertas abiertas al viento, al sol, a la lluvia y a todas las fuerzas desconocidas. Cuando uno empieza a vivir peligrosamente, vive por primera vez. Y vivir peligrosamente es vivir una vida divina. Jesús vivió peligrosamente, Buda vivió peligrosamente, Sócrates vivió peligrosamente, l-Hallaj Mansur vivió peligrosamente. Pero eran gente que alcanzó la cima más alta de ser individuos. Llegaron a conocer el Éverest de la consciencia.

DÍA **90** Es una forma de ver las cosas de tal forma que despacio, despacio, Dios empieza a emerger de todos lados. Aunque no tenga forma, empieza a expresarse de todas las formas posibles. Lo empiezas a sentir en todas las formas.

En un sentido, ninguna ola es el océano; en otro sentido, toda ola es el océano. En un sentido, ninguna forma es Dios; en otro sentido, toda forma es divina.

La mente no puede conocer porque ella sólo puede asir las formas. Para conocer lo amorfo tendrás que ir más allá de la mente, tendrás que deshacerte de la mente al menos por unos instantes todos los días, para que puedas bañarte de divinidad. Y esos instantes son los instantes verdaderos. Son los únicos instantes en que habrás vivido; todos los demás se irán por el desagüe. No se salvarán; sólo los instantes en que viviste con Dios, en presencia de la divinidad, se salvarán.

DÍA **91** Fluye con el río, ve con el río, abandónate totalmente al río. El río va hacia el océano y te llevará con él: ni siquiera necesitas nadar. Y eso es lo que estoy tratando de crear aquí: un gran río de danzantes, cantantes, amantes, gente que sea capaz de reír, de regocijarse, de celebrar, un río que esté en constante movimiento hacia el océano. El océano representa la existencia, y a menos de que la encontremos, no podremos estar satisfechos, por culpa de las limitaciones, de los límites; todos los límites son ataduras. Cuando el río desemboca en el océano se vuelve infinito, se vuelve eterno.

DÍA **92** La vida significa siempre permanecer fluyendo, en movimiento. Sigue tratando de alcanzar la estrella más distante.

Disfruta la travesía y no te preocupes mucho por las metas. Las metas son sólo excusas para que podamos seguir en la travesía. De hecho, no hay metas en la vida. La vida es una peregrinación, una peregrinación hacia la nada, una peregrinación hacia ningún lugar, una peregrinación pura. Entender esto trae gran libertad, gran liberación. Todas las ansiedades, todas las angustias desaparecen; todas las preocupaciones desaparecen, se evaporan, porque cuando no hay meta, no puedes fracasar. El fracaso es idea nuestra, porque creemos en una meta.

Por ejemplo, yo nunca puedo fracasar porque no tengo meta. Nunca me puedo frustrar porque nunca espero nada. Si pasa algo, bien; si no, ¡ni modo! Cualquier camino siempre es bueno. Y ésa es mi enseñanza fundamental.

DÍA **93** No quiero que pertenezcas a una iglesia, a un credo, a una nación ni a una raza; ésas son cosas feas. Uno debe ser libre de todas esas tonterías. Uno debe ser simplemente humano.

No hay ninguna necesidad de ser cristiano, hindú o mahometano, ninguna necesidad de ser indio, estadounidense o alemán. Uno debe ser libre de esas ataduras. Son cárceles que tienen enjaulado tu espíritu. ¡Desencadénate!

Y todo depende de ti. Si cooperas con todas esas cosas estarás cooperando con tu esclavitud. Deja de cooperar. Nadie más te tiene sometido. Es tu propia inconsciencia. Así que vuélvete consciente de cómo cooperas con tu esclavitud, y esa misma consciencia basta para liberarse de la esclavitud. La libertad es tu naturaleza. No es algo que deba alcanzarse. Cuando desaparece toda esclavitud, uno es libre; cuando la esclavitud ya no está presente, la libertad empieza a brotar dentro de tu ser. Y la vida empieza a llenarse de una inmensa belleza a partir de la libertad. Entonces todo es posible: el amor, la verdad, la divinidad.

DÍA **94** Somos semillas, pero sería lamentable morir como semillas. Tenemos que convertirnos en flores y tenemos que liberar nuestra fragancia; sólo entonces habrá contento. Un árbol está satisfecho cuando florece, cuando llega la primavera y libera, vierte su corazón en los colores, en la fragancia, en el gozo. Cuando el árbol baila al viento, al sol, está satisfecho. Sucede exactamente lo mismo con el hombre. Un buda es un árbol que ha florecido, un cristo es un árbol que ha liberado su fragancia. Todos cargamos el mismo tipo de semilla dentro. Todos somos un buda inmanifiesto, un cristo listo para nacer en cualquier momento. Mi labor aquí es volverte consciente de tu gran potencial, de tu posibilidad infinita, de las alturas que puedes alcanzar, de las profundidades a las que puedes penetrar. Tus alturas son más altas que el Himalaya, y tus profundidades son más profundas que el Pacífico. Y cuando conozcas tus alturas y tus profundidades, la vida será pura gratitud. La existencia te ha dado mucho. Ha vertido toda su creatividad en tu ser, te ha hecho muy rico, inagotablemente rico.

DÍA **95** Conforme vives, se acumulan más experiencias, más memorias, y se vuelve una montaña muy pesada. La gente queda aplastada debajo. Cuando te das cuenta de que no tiene sentido, puedes dejarla. Ella no se aferra a ti, tú te aferras a ella, así que simplemente quita las manos.

Entonces, lo siguiente que viene a través de la observación es que te vuelves consciente de que el futuro todavía no es, por lo tanto, ¿para qué preocuparse por él? Ya veremos cuando llegue, ya responderemos.

No hay que preocuparnos por él, quizá nunca llegue o quizá llegue de una forma que hoy no te imaginas. Es impredecible. Pienses lo que pienses, 99% nunca sucederá. Y desperdiciar tu energía por 1% es una total necedad.

Cuando lo ves, te retiras del futuro, y el pasado y el futuro representan 100% de tu mente, de todo su contenido; así, 50% le pertenece al pasado y 50% al futuro. No hay contenido en el presente. Si uno estuviera sólo aquí en este momento, la consciencia estaría vacía. Puedes ver que cuando observas tu mente, se está moviendo algo del pasado o algo del futuro. Mientras lo que importe sea este preciso instante, la consciencia será pura.

Y el que medita empieza a establecerse en el presente al deshacerse despacio, despacio, del pasado y del futuro. Vivir aquí y ahora es vivir una vida religiosa. Eso es consciencia pura, y lo que salga de la consciencia pura será virtud. Hagas lo que hagas, será correcto. Sea cual sea tu respuesta nunca te arrepentirás, nunca te sentirás culpable.

DÍA **96** Mi intención es ayudarte a aceptarte cómo eres y a seguir investigando y buscando tu alma auténtica. Está cargada de tantas ideas estúpidas que tendrás que liberarte de la carga, vaciarte. Sólo vaciándote de todo ese sinsentido que te han dado los demás serás capaz de tener el primer contacto, la primera conexión con tu ser. Es una libertad inmensa. Es una libertad del tiempo, de la mente, de la muerte. De pronto, entras en la dimensión de la eternidad; de pronto, te vuelves contemporáneo a Dios. Algo menor a eso no vale la pena.

DÍA **97** En el fondo del corazón se tiene que entender que la vida es un regalo de gran valor: que cada momento es precioso, que no se debe desperdiciar, es una gran oportunidad para crecer. No deberíamos ir coleccionando piedras de colores y conchas marinas a la orilla del mar. Se tiene que hacer algo más importante, algo más significativo. Tenemos que ver hacia adentro. No deberíamos seguir preocupados por las cosas exteriores, porque así es como la gente desperdicia su vida. Debemos empezar a buscar adentro: «¿Quién soy yo?».

Debemos ir más y más profundo en nuestra propia consciencia para sentir nuestro centro. Cuando sientas tu centro, todas las preguntas quedarán respondidas, todas las confusiones desaparecerán. Ya no hay confusión. Todo es claridad, una claridad transparente.

Puedes ver a través de ella. Y es entonces cuando entendemos todo lo que nos ha dado el universo, y lo ingratos que hemos sido con el universo. La gratitud es el requisito básico para una vida religiosa. De la gratitud surge la oración, de la gratitud surge el amor, de la gratitud surge la gracia. Pero uno puede sentir gratitud sólo si siente el valor, el inmenso valor de la vida, el inestimable valor de la existencia.

DÍA **98** La existencia es ilimitada, infinita, vasta. La existencia es oceánica y nosotros somos como gotas de rocío. Tenemos que aprender el arte de desaparecer en el océano. Se necesitan agallas, porque desaparecer en el océano significa morir como gota de rocío. Pero a menos de que uno muera como gota de rocío, uno no puede nacer como océano. Cuando la semilla muere como semilla, nace un gran árbol. La semilla desaparece: sólo a través de su desaparición aparece el árbol.

DÍA **99** Una vez que has despertado, empiezas a vivir de una forma totalmente diferente. Aunque tu vida siga siendo igual, tú ya no eres el mismo.

Tu enfoque es distinto, tu propio estilo es distinto. Vives más conscientemente. No andas a tientas en la oscuridad. Vives a través del corazón y no a través de la cabeza. Tu vida se vuelve amor, compasión. Se vuelve una canción, una danza, una celebración. Y por supuesto que todo lo que entre en contacto contigo se infectará de ello. Es contagioso. Es como el fuego, fuego arrasador; se va esparciendo.

DÍA **100** Para Dios no hay oscuridad. Para la luz no hay oscuridad. La oscuridad sólo existe cuando la luz está ausente; por lo tanto, nunca se encuentran. La luz no sabe en absoluto que la oscuridad existe. ¿Cómo podría saberlo la luz? Cuando la luz está presente, la oscuridad no está. La oscuridad es sólo una ausencia. Dios no conoce oscuridad. Y nosotros sólo conocemos la oscuridad, por eso hemos estado desconectados de Dios.

Nosotros también tenemos que alcanzar un punto en que la oscuridad desaparezca y sólo quede luz. El día en que la oscuridad desaparezca para ti será de gran celebración, será un día de gran bendición. Sólo es posible cuando te das cuenta de que eres luz.

DÍA **101** Vuélvete dichoso, vuélvete luminoso. La flama ya está ahí. No tienes que hacer nada, sólo tienes que descubrirla. Está dentro de ti, así que no tienes que ir a ningún lado. Sólo quédate en silencio, quieto, mirando hacia adentro, buscando. Tendrás que atravesar una gran multitud de pensamientos y deseos, pero no es tan grande como parece desde el exterior. Sí, tendrás que empujar y jalar un poco, y tendrás que entrar un poco a la fuerza. Pero es un juego hermoso, es divertido; meditar es divertido. Y cuando seas capaz de atravesar la multitud en el espacio abierto de tu ser interior, verás la flama. Ése es tu ser interior.

La flama es parte de la gran flama de la existencia, parte del fuego universal.

DÍA **102** Cuando dices una verdad, se convierte en mentira; pronúnciala y la habrás hecho falsa. Sólo permanece como verdad cuando vive en profundo silencio dentro de ti.

Mi intención es ayudarte a leer tu ser interior, porque sólo ahí encontrarás la verdad virgen, impoluta, incorrupta por las palabras, el lenguaje, los estudiosos, los sacerdotes, los intérpretes, los comentaristas. Es sólo dentro de tu propio ser que encontrarás la tranquila vocecita de Dios. Sólo se tiene que cumplir una condición: tienes que volverte silencioso, sin ruido, para poder oírla, para poder leerla.

DÍA **103** En tu realidad verdadera eres un dios. Te podrás haber quedado dormido y estar soñando que eres un mendigo, un hombre o una mujer, blanco o negro, esto o lo otro, pobre o rico, pero son sólo sueños. Cuando la mente deja de soñar sólo queda una cosa, y es: «Soy Dios».

Morir sin saberlo es haber vivido fútilmente. Uno sólo está satisfecho cuando sabe: «Soy Dios». Y no es cuestión de creencia. Los sacerdotes han dicho durante siglos que el Reino de Dios está dentro de ti, pero eso no ayuda. Necesitas experimentarlo por ti mismo. Ser cristiano no ayuda, sólo ayuda ser un cristo. El budismo no te dará el reino interior; sólo se puede alcanzar cuando te vuelvas un buda.

Mi intención es no crear cristianos ni budistas ni seguidores, sino crear budas, gente despierta que no siga a nadie y que simplemente viva su verdadera naturaleza con autenticidad, con responsabilidad, con gozo.

Creer es fácil; puedes empezar a creer que eres un dios. Eso sólo sería megalomanía, locura. Es cuestión de experimentar.

Cuando crees que eres un dios, cuando crees: «Yo soy Dios», el «yo» es muy importante y Dios es sólo una sombra. Cuando experimentas: «Yo soy Dios», el *yo* es sólo una palabra, una palabra utilitaria; sólo Dios es real. El *yo* se debe usar sólo con el fin de la comunicación, de lo contrario no hay yo. Ésa es la diferencia entre el loco y el místico. El loco puede declarar: «Yo soy Dios», pero simplemente está declarando: «Yo soy». Su declaración de «Yo soy Dios» es el mayor ego. El místico también declara: «Yo soy Dios», pero él dice: «Yo no soy: por lo tanto, soy Dios».

Así que no estoy diciendo que lo creas. Estoy diciendo que tienes que experimentarlo. No abandones esta vida sin experimentarlo. Ésta es una oportunidad para experimentar tu realidad.

DÍA **104** A menos de que uno se percate de su propia divinidad, no se ha logrado nada, la vida ha sido un fracaso. Y uno puede percatarse de ello, es el derecho de nacimiento de todo hombre; pero uno tiene que reclamarlo, que trabajar por ello, que ser muy creativo al respecto. De eso se trata el sannyas: de volverse alerta de la gran oportunidad y usar toda posibilidad para crecer: crecer más allá de la humanidad, sobrepasar la humanidad, volverse divino, porque ésa es nuestra realidad.

DÍA **105** El hombre tiene muchas capas de identificación, y tenemos que deshacernos de todas ellas, despacio, despacio, despacio. Finalmente, no queda nada, y esa nada eres tú. Sólo la nada puede ser vasta. «Algo» está condenado a ser finito. Sólo la nada es infinita: por lo tanto, Dios es la nada más grande. Dios no es un ser, sino el más grande no-ser. No es alguien, es la *nadiedad* absoluta. Es sólo una presencia infinita, ilimitada. Y nosotros también. No somos distintos a Dios. Somos parte de esa infinidad.

DÍA **106** Todo lo que es valioso tiene armonía, en su mero centro. Sin armonía no hay Dios. La armonía en la existencia prueba que algo se mantiene unido; algo invisible. Sin armonía no hay amor. Pero es un hilo invisible, nadie puede verlo.

Todos pueden sentirlo. El amor nos vuelve conscientes de que todo lo que se ve no puede ser todo, tiene que haber más de lo que se ve.

DÍA **107** El amor no es nada más que la desaparición de la gota de rocío en el océano. Está perdiendo su ego, es la rendición total ante la existencia. Es un encuentro con el todo, es deshacerte de tus límites y de tu identidad. Es abandonarte. Cuando te abandonas, inmediatamente te vuelves oceánico, vasto. Nos aferramos a nuestra identidad. La protegemos, luchamos por ella, incluso estamos dispuestos a morir por ella. Y eso es pura estupidez, porque el ego es lo más falso de la existencia. Es como el aire caliente, no tiene existencia real. Es como la oscuridad.

Puedes ver la oscuridad, la ves todos los días, pero no tiene existencia como tal. Es simplemente la ausencia de luz, nada en sí misma, sólo ausencia de luz. Deja entrar la luz y ya no encontrarás oscuridad. Ni siquiera la ves salir por la puerta; apaga la luz y de pronto estará ahí. No entra, puedes mantener las puertas y ventanas cerradas... Viene de ninguna parte porque es no-existencial, es sólo ausencia. No viene y va. La luz viene y va porque la luz es.

Lo mismo sucede con tu ego. El ego es ausencia de amor. Cuando dejas entrar la luz del amor, el ego desaparece. No necesitas hacer nada más: sólo vuélvete más amoroso, inconscientemente amoroso.

DÍA **108** El amor no se dirige a nadie en particular: sólo sé amoroso, ésa tiene que ser tu cualidad. No tiene nada que ver con una relación.

El amor tiene que ser una fragancia. Si alguien la conoce o no, a la flor no le importa. Incluso en los lejanos Himalayas, donde nadie viene y va, miles de flores brotan y esparcen su fragancia. En los Himalayas hay todo un valle de flores muy extrañas. La gente sólo ha visto el valle desde las cimas, nadie ha sido capaz de alcanzarlo, porque bajar hacia el valle es peligroso. La gente sabe de las flores, pero nadie ha olido su perfume. Y tienen colores muy psicodélicos. Las flores están lejos, pero no les preocupa todo eso, son perfectamente felices. El amor tiene que ser tu cualidad.

Vuélvete amoroso y un día serás simplemente amor; ni siquiera amoroso, sino amor. Ése es el día de la gran revelación. En ese preciso momento, la gota de rocío desaparece en el océano y se vuelve el océano.

DÍA **109** Éste es todo el secreto en el camino del amor: el amor desinteresado transforma todo tu ser en energía amorosa. Y convertirse en energía amorosa es volverse divino. No se necesita nada más. Eso es más de lo que uno puede pedir, es más de lo que uno podría soñar. Trae satisfacción absoluta, trae florecimiento. Floreces.

Las flores de la consciencia empiezan a abrirse dentro de ti.

DÍA 110 La meditación sólo te lleva a la puerta. Pero es la mayor travesía: de la cabeza al corazón, de la lógica al amor, del conocimiento al sentimiento. Por lo tanto, el poeta está más cerca que el científico, el danzante está más cerca que el político, el amante está más cerca que el negociante. Pero es sólo a través de la meditación que el poeta se volverá consciente de ese paso; de lo contrario, podrá pararse en la puerta del templo, con la puerta detrás de él.

Así es como el poeta *está* parado: parado en la puerta del templo, pero mirando hacia afuera. El místico también está parado en la misma puerta, pero mirando hacia adentro. Están parados en el mismo punto; la meditación hace la diferencia. La meditación te da un giro de 180°; no ves hacia afuera, ves hacia adentro. El poeta mira hacia afuera, está exactamente en el mismo punto.

Es como si estuvieras subiendo una escalera y alguien más bajara. Se encuentran en un escalón, se saludan. Están exactamente en el mismo escalón, pero uno baja y el otro sube.

Las direcciones del poeta y del místico son distintas. Están ubicados en el mismo espacio, en el mismo escalón; el poeta y el místico están exactamente en el mismo escalón, parados en la misma puerta. Pero el poeta mira hacia afuera y el místico mira hacia adentro y ésa es la diferencia, la gran diferencia.

Cuando el místico mira hacia adentro, se apresura; entonces ya no puede detenerse, nada puede detenerlo. La urgencia por entrar es irresistible. La meditación te hace capaz del último paso. Así que enfoca todo tu esfuerzo, todo tu ser en una cosa, recuerda constantemente una palabra: *meditación*. Pon todas tus energías en ello para que pueda volverse realidad para ti.

DÍA **111** Para entrar en meditación, una de las cualidades más esenciales es la paciencia. Uno no puede tener prisa. Entre más prisa tengas, más tiempo tardará. Si uno es capaz de esperar para siempre —con amor, con confianza— puede suceder incluso en un instante. Puede suceder instantáneamente, inmediatamente: y todo depende de qué tan paciente seas.

Pero recuerda, al hacer meditación, nunca te preocupes por los resultados. Vendrán a su propio ritmo. ¡Confianza! Disfruta la meditación por sí misma, no seas codicioso, no proyectes ninguna ambición. Si uno puede meditar no como medio sino como fin en sí mismo, entonces el milagro puede suceder inmediatamente, puede cambiar tu ser total.

La transformación es fácil. Uno tiene que aprender el arte de ser paciente, el cual la humanidad ha olvidado por completo.

Todo mundo tiene tanta prisa, todo mundo quiere que las cosas sucedan con rapidez. Nadie quiere esperar. Por eso hay tantos charlatanes en el mundo de la religión. Pides café instantáneo y hay vendedores ambulantes de café instantáneo, y te explotan. Mi enfoque es la paciencia, la paciencia infinita, y entonces el milagro es que puede suceder incluso como café instantáneo. Pero se tiene que cumplir el requisito. Es una paradoja, pero todo lo que tiene que ver con la verdad siempre es paradójico; tiene que ser paradójico porque la verdad tiene que incluir a su contrario.

DÍA **112** Uno tiene que ser juguetón con la meditación, tiene que aprender a disfrutarla. Uno no puede ser serio al respecto: sé serio y lo perderás. Uno tiene que entrar con mucha alegría.

Y tiene que estar consciente de que la meditación está cayendo en un descanso más y más profundo. No es concentración, es justo lo contrario: es relajación. Cuando estás completamente relajado, por primera vez empiezas a sentir tu realidad, te enfrentas cara a cara con tu ser. Cuando te involucras en una actividad, estás tan ocupado que no puedes verte a ti mismo. La actividad crea mucho humo a tu alrededor, mucho polvo: por lo tanto, toda actividad tiene que dejarse de lado, al menos unas horas al día.

Eso es sólo al principio. Cuando hayas aprendido el arte de estar en reposo, entonces podrás estar tanto activo como en reposo al mismo tiempo, porque entonces sabrás que el descanso es algo interior que no puede perturbarse con nada exterior: la actividad continúa en la circunferencia y en el centro sigues estando en descanso. Así que es sólo para principiantes dejar de lado la actividad por unas horas. Cuando uno ha aprendido el arte, ya no hay duda: uno puede meditar 24 horas al día y seguir con todas las actividades de la vida diaria.

DÍA 113 La meditación provoca dos cosas en ti: uno, te vuelve consciente de la belleza que existe a tu alrededor, te vuelve sensible; y dos, te vuelve hermoso, te da cierta gracia. Tus ojos se llenan de belleza, porque toda la existencia es hermosa; sólo tenemos que beber de ella, sólo tenemos que permitir que la belleza entre en nosotros. A través de nuestros ojos, de nuestros oídos, de todos nuestros sentidos, tenemos que permitir la entrada de la belleza en nosotros. Es un gran alimento para el alma.

Por lo general, una persona no está consciente de la belleza que rodea a la existencia. Está más consciente de todo lo feo, porque la mente siempre va encontrando lo negativo. Cuenta las espinas y se pierde las rosas. Cuenta las heridas y se pierde las bendiciones. Ésa es la forma de la mente. La mente es básicamente negativa, todo su enfoque es negativo. Sólo piensa en cosas oscuras. Desde el pasado, va coleccionando cosas oscuras y, para el futuro, va proyectando cosas oscuras. Vive rodeada de un mundo oscuro de creación propia. Y por supuesto que entonces la vida parece ser un gran infierno.

Cuando entras en meditación, cuando te vuelves un poco más silencioso, un poco más tranquilo y callado, más relajado, más descansado en tu ser, de pronto te vuelves consciente de la belleza de los árboles, de las nubes, de la gente, de todo lo que está ahí.

Todo es hermoso porque está lleno de divinidad: incluso las piedras desbordan divinidad. Nada está vacío de divinidad. Y cuando empiezas a experimentar todas esas dimensiones hermosas, el resultado es que, al estar nutrido por tu hermosa experiencia —música, poesía, danza, celebración, amor— te vuelves hermoso.

Un resultado natural es que surge una gracia en tu ser y empieza a irradiar.

DÍA **114** Las rosas son hermosas, los lotos son hermosos, pero no son flores de belleza. Son flores hermosas, por supuesto, pero no flores de belleza. Las flores de belleza suceden en tu centro más profundo. Suceden a través del crecimiento interior, cuando transformas tu potencial en acto. Cuando realmente te conviertes en un ser, cuando no hay más en la vida, cuando has experimentado la vida en su totalidad, entonces algo florece en ti. Ese florecimiento te trae por primera vez un regalo de la existencia.

Hay muchos regalos de la existencia —el nacimiento es un regalo, la vida es un regalo, el amor es un regalo— pero el regalo último es cuando tu consciencia se convierte en loto. Cuando una flor de belleza brota en ti, en Japón lo llaman satori, en India lo llamamos samadhi. Se puede traducir como el éxtasis último.

DÍA **115** Estar con un maestro significa entrar en un mundo soleado. Conforme va saliendo el sol, los pétalos del loto se empiezan a abrir, naturalmente —no deben forzarse— y entonces se libera una maravillosa fragancia. Esa fragancia es dicha, paz, celebración. Uno ha llegado a la satisfacción, uno llega al contento total, porque ha entregado cualquier cosa que fuera su destino y se ha vertido en la existencia. Cualquier cosa con lo que uno haya sido capaz de contribuir, de crear, lo ha hecho. Ése es el acto último de la creatividad y, naturalmente, después de ese acto último uno se siente completamente satisfecho, contento.

DÍA **116** Ámate a ti mismo porque es sólo a través del amor que te volverás armonioso, que te volverás uno. No te condenes a ti mismo. Te han dado un hermoso cuerpo; te han dado un hermoso mecanismo llamado mente. Si lo usas correctamente, es de enorme importancia; si se convierte en el amo, entonces es peligroso. Si tú sigues siendo el amo, entonces no hay problema, es un sirviente hermoso. Y te han dado un alma: una porción de existencia. No se puede pedir más.

DÍA **117** La luz es posible, pero sólo a través del amor. Sin amor, sólo la oscuridad es posible. En el mundo interior, el amor y la luz son sinónimos; no significan cosas distintas. Por lo tanto, el que quiera estar lleno de luz, el que quiera estar iluminado, tiene que ser incondicionalmente amoroso.

Ama sin exigencias. Las exigencias hacen feo al amor, lo destruyen. Si le impones condiciones a tu amor, deja de ser amor, se vuelve lujuria. Y se vuelve un juego político, un asunto de poder.

Deja que tu amor permanezca puro e ilimitado; no le impongas límites. Deja que siga sin estar dirigido, para que despacio, despacio, ya no sea cuestión de a quién amar, de qué amar; la única cuestión será cómo ser amoroso. El objeto del amor es irrelevante. Ama a las personas, a los animales, a los árboles, a las estrellas, a ti mismo. A menos de que ames a todos y a todo, el amor no se puede volver tu mismo aliento.

Y así como el cuerpo necesita respirar —ésa es su vida— el alma necesita amor. El amor es el alimento de tu alma. Entre más ames, más alma tendrás. Cuando tu amor sea infinito, tu alma también será infinita.

Cuando tu amor no conozca límites, tu alma tampoco los conocerá. Eso es lo que realmente significa tomar consciencia de Dios: es tomar consciencia del amor y nada más.

DÍA **118** El amor es la forma más segura de obtener la victoria verdadera, pero es una forma muy extraña, muy paradójica, porque el amor empieza en la rendición y termina en la victoria. Ésa es su paradoja: el amor no quiere ser victorioso, pero se eleva victorioso. El amor quiere rendirse, pero la rendición trae la victoria.

Y la gente que trata de ser victoriosa sigue fracasando. Podrán ser victoriosos a los ojos del mundo, pero eso no es victoria verdadera, porque la muerte se la llevará. La verdadera victoria es la que ni siquiera la muerte puede destruir. Piensa en ti mismo como victorioso sólo cuando hayas ganado algo de inmortalidad. El amor te da el primer vistazo hacia la inmortalidad, el amor abre la primera ventana más allá de la muerte. Uno sabe que el amor conocerá la existencia tarde o temprano, uno sólo tiene que seguir profundizando su amor. Enamórate del amor mismo, entonces la victoria será tuya.

DÍA **119** Sé dichoso por dentro y amoroso por fuera. Uno puede ser dichoso y avaro, entonces la dicha empieza a morir. Se tiene que compartir para mantenerla viva y fluyendo, para mantenerla fresca y joven. La antigua tradición de la llamada gente religiosa ha sido muy avara: no cabía el amor ahí. Por supuesto que todos estaban buscando la dicha y encontraron pequeñas porciones de dicha por aquí y por allá, pero eran muy codiciosos y avaros. Y en su codicia y avaricia todo lo que encontraron murió, fue destruido, envenenado; por lo tanto, permanecieron tristes. Todos los santos se ven tristes, tienen caras largas, sin risa, sin amor, sin compartir.

Es algo muy fundamental: la dicha crece conforme la compartes, de lo contrario, muere. Incluso si por casualidad descubres una fuente de dicha, pronto se agotará. Si quieres que sea inagotable, entonces comparte, comparte lo más posible. Y nunca pienses si la otra persona lo vale o no. Ésas son consideraciones de alguien codicioso, avaro.

Alguien que quiere compartir nunca piensa si el otro lo vale o no. ¿A quién le importa? Lo importante es compartir. Si está listo para compartir, con eso basta. Agradece que él permita que compartas tu gozo.

Compartir la dicha es amor, y es a través del amor como crece la dicha. Entre más ames, más dichoso serás: entre más dichoso seas, más amarás. Se alimentan mutuamente, se ayudan mutuamente. Y entre ambos tú te vuelves un ser integral.

DÍA **120** La mente es un muro, la meditación es un puente. La mente desconecta, la meditación reconecta.

Y cuando seas uno con el todo, significará que eres uno con los árboles y las montañas y los ríos y las estrellas y el sol y la luna. Entonces, el infinito será tuyo y todos sus gozos también. La vida empieza a tener libertad por primera vez, porque todas sus limitaciones desaparecen, y ése es el deseo último del corazón humano.

Buscamos conscientemente la unión; a sabiendas o sin saberlo, queremos fundirnos con el todo porque sólo con el todo la vida llega a su cima más alta, el éxtasis alcanza su Éverest.

DÍA **121** A menos de que la existencia baile en ti, no hay posibilidad de ninguna danza. A menos de que la existencia se regocije en ti, no hay posibilidad de regocijo.

Elimínate para que no te interpongas entre la existencia y tú. Deja de lado al ego, a la mera idea del «yo» y vacíate por completo, sé receptivo. Y cuando tu vacuidad sea total, el todo empezará a rociar millones de alegrías y millones de flores en ti. El esplendor será infinito.

DÍA **122** Lo único que se necesita hacer es vaciarse a sí mismo de uno mismo. Y cuando estés vacío, algo misterioso, inexplicable, empezará a suceder. Algo del más allá empezará a descender en ti, una fuerza desconocida iniciará su canto a través de ti, empezará a bailar a través de ti. Esa fuerza desconocida es Dios. Dios no es una persona; es sólo un nombre para todo lo que es misterioso, para todo lo que trasciende la comprensión, para todo lo que el intelecto es incapaz de entender. Y consagrarse a lo milagroso, a lo misterioso, es la única forma de vivir una vida hermosa, grácil.

DÍA **123** Todo lo maravilloso es siempre un regalo de la existencia. Nunca es un logro personal; de hecho, sucede sólo cuando nosotros estamos totalmente ausentes. El amor sucede cuando tú estás ausente, la verdad sucede cuando tú estás ausente, la dicha sucede cuando tú estás ausente. Cuando estás demasiado lleno de ti mismo, no sucede nada. Entonces, los regalos siguen llegando, pero tú no estás preparado para recibirlos; el ego no es nada receptivo. Sólo podemos recibir los regalos de la existencia cuando estamos completamente vacíos; entre más vacío estés, mejor.

Todo el proceso del sannyas no es nada más que vaciarse de uno mismo. Entonces los regalos siguen llegando. Suceden tantas cosas, y sin ningún esfuerzo, que parece increíble, inconcebible. Uno se vuelve consciente por primera vez de lo generosa que es la existencia. La existencia no es avara. Da, y da mucho. Está dispuesta a darlo todo, pero nosotros no estamos listos para recibir. No tenemos espacio para recibir sus regalos. Así que empieza a vaciarte a ti mismo y te estarás desplazando hacia el lado correcto.

DÍA **124** El dios de la meditación es el único dios verdadero. Todos los demás dioses son inventos, inventos de sacerdotes astutos, inventos de mentes codiciosas, inventos por miedo. El único dios verdadero, que no es un invento, se experimenta a través de la meditación, porque la meditación requiere que primero te deshagas de todos tus pensamientos, incluidos los pensamientos sobre cualquier dios.

Cuando te hayas deshecho de todos los pensamientos y deseos, entonces, todo lo que hayas conocido no será parte de tu mente, porque habrás dejado la mente de lado desde el principio. Ahora no hay nadie que invente nada. Ahora sabrás lo que es.

DÍA **125** Despacio, despacio, conforme la consciencia crece y la inconsciencia se encoge, te vuelves dichoso, más y más dichoso. Empiezas a abrirte como una flor. Somos como brotes cerrados; cuando la dicha llega, te vuelves flor. En Oriente, decimos que uno se convierte en loto, un loto de mil pétalos. Todos tienen la semilla, el brote, pero se necesita un gran esfuerzo para ser consciente. La inconsciencia ha sido nuestra costumbre durante tantas vidas que se ha vuelto casi nuestra naturaleza.

Así que, desde este momento, trata de ser más y más consciente en todo lo que hagas, en todo lo que pienses, en todo lo que sientas. Ésas son las tres dimensiones. En estas tres dimensiones tienes que ser más vigilante, más alerta, más testigo. Entre las tres surge la cuarta, el testigo: y ésa es tu verdadera naturaleza.

Una vez que hayas aprendido a crear al testigo, conocerás el arte secreto, conocerás la alquimia para transformar el continente oscuro de tu ser en luz.

DÍA **126** Cuando haces algo creativo, surge un gran contento. Cuando terminas una pintura, cae un silencio sobre ti. Te sientes satisfecho, importante, significativo; has hecho algo. Has participado en el trabajo de Dios. Él es un creador y tú has sido un creador a tu manera, pequeña, por supuesto, pero has participado con Dios, caminado con Dios, quizá sólo unos cuantos pasos, pero has caminado con Dios.

Pero el acto último de la creatividad es el florecimiento de tu consciencia. Después de eso, nunca abandonarás a Dios ni por un instante. Entonces, toda la peregrinación será con él, en él. Naturalmente, es inmensamente satisfactorio. No puede haber otra satisfacción mayor, más grande que ésa, es la cima más alta.

DÍA **127** La gente sigue haciendo mil otras cosas, en lugar de regresar a casa. Si son miserables, siguen echando su responsabilidad sobre los demás. La esposa crea problemas y el esposo cree que por eso él es miserable… O la sociedad o el Estado… Hay mil y una excusas. Uno siempre puede encontrarlas, siempre están disponibles. Si no puedes encontrarlas, puedes inventarlas. Pero ninguna excusa servirá, simplemente prolongará tu miseria. No hay excusas para tu miseria excepto la verdad, y la verdad es que estás muy lejos de tu ser. Así que cuando seas miserable, entra en meditación. Vuélvete silencioso, observa tu miseria; vuélvete su testigo, no te identifiques con ella, y te sorprenderá que entre más observes, menos es. Y cuando seas perfectamente vigilante simplemente desaparecerá, como si nunca hubiera estado ahí. No quedará ni un rastro. De pronto descubrirás que la misma energía que se convertía en tu miseria se ha convertido en un baño de dicha. Habrás llegado a casa.

DÍA **128** La vida es algo inmensamente hermoso, pero somos inconscientes de ello, somos ciegos ante ello. Es gloria, pero no somos lo suficientemente sensibles para recibirla.

La vida es perfecta, pero nuestra sensibilidad es casi nula; por lo tanto, todo el problema es cómo crear más sensibilidad, cómo volvernos más vivos, cómo estar más abiertos, vulnerables, para poder sentir la vida que nos rodea. Cuando estamos en sintonía con la vida, la vida es Dios, y no hay otro Dios. La vida no conoce muerte ni nacimiento. Es eterna y nosotros somos parte de esa eternidad. Pero hemos acumulado tanto polvo alrededor de nuestro ser de espejo que no refleja nada. Nuestra mente es como una capa de polvo en nuestra consciencia; por lo tanto, no se refleja nada y no podemos ver lo que es. Sólo vemos polvo; sólo vemos nuestros pensamientos, nuestros deseos, nuestros recuerdos, nuestros sueños, y eso no es la realidad. A menos de que limpiemos el polvo, no seremos capaces de reflejar lo que es.

DÍA **129** Todos somos extranjeros en esta tierra. Nuestro verdadero hogar está en la otra orilla. Sólo estamos aquí para crecer, experimentar, madurar, para que podamos ser aceptados en la otra orilla. Llegamos a esta vida como los niños llegan a la escuela. Es un lugar de aprendizaje, no es nuestro hogar. Aprende todo lo que puedas, experimenta lo más profundo que puedas. Deja que tu vida sea multidimensional, pero recuerda una cosa, que éste no es nuestro hogar. Así que no te encariñes, no te vuelvas posesivo, no te empieces a aferrar; si no, ¿quién irá a la otra orilla?

Cuando llega la tarde, el niño regresa a su hogar. Está en la escuela todo el día y por la tarde regresa. La escuela es una necesidad; sin ella no podría crecer. Con todos los placeres y dolores de la vida, con todas sus tonterías y sabiduría, con todos sus gozos y miserias, aprendemos despacio, despacio, a equilibrarnos, a centrarnos. Al pasar por muchas, muchas agonías y éxtasis, algo en nuestro interior madura, se integra. Y cuando estamos listos, el barco llega desde la otra orilla para llevarnos de regreso a casa, pero sólo cuando estemos listos. De lo contrario, nos regresan una y otra vez hasta que aprendamos la lección.

DÍA **130** Oí la historia de un gran músico. Estaba cantando una canción y la gente que lo estaba oyendo era gran amante de la música. Terminó una canción y la multitud gritó: «Otra vez». La cantó otra vez, muy contento de que lo hubieran recibido tan bien. Cuando terminó, la multitud gritó aún más fuerte: «¡Otra vez!». La cantó otra vez. Cuando terminó por tercera vez, la multitud gritó aún más fuerte.

Entonces dijo: «Pero también puedo cantar otras canciones». Entonces alguien de la multitud dijo: «Vamos a seguir diciendo "Otra vez" hasta que la cantes bien». Eso es lo que pasa en la vida: nos mandan una y otra vez. Podrás morir, pero te mandarán otra vez hasta que hayas aprendido la lección. Y la lección se puede aprender.

DÍA **131** Sólo hay dos tipos de personas en el mundo, los que se quejan y los que alaban. Los quejumbrosos siguen siendo miserables porque sus corazones nunca se abren, nunca se convierten en flor. Su mismo enfoque es negativo. Sólo ven el lado oscuro de las cosas, nunca ven el lado luminoso. Cuentan las espinas, nunca alaban las rosas. Alabar a Dios significa alabar la existencia; no hay otro Dios. Toda esta existencia —las estrellas, los árboles, las personas, los animales, las aves, las montañas, los océanos— esta totalidad es Dios. Dios no es una persona, es sólo un nombre para el todo.

Cuando empiezas a alabar la belleza de las flores, el silencio de la oscuridad y el gozo del río que corre hacia el océano, algo se empieza a abrir dentro de ti. Tú también empiezas a crecer, ya no estás cerrado. La alabanza se convierte en puente entre la existencia y tú.

Te vuelves más y más sensible, más y más poético, más y más estético. Tu sensibilidad te vuelve consciente de la inmensa belleza que nos rodea, y del gran misterio insondable, que no tiene principio ni fin. La sensación de que somos parte de ese gran misterio crea un gran regocijo. Alabar es orar, y la dicha es la fragancia de la oración.

DÍA **132** Nadie se puede sentir dichoso si no contribuye con la vida. Mucha gente busca la dicha, pero fracasa por la sencilla razón de que no es creativa. No crea nada.

Sólo hay un gozo, y sólo uno en el mundo, y es el de crear algo, lo que sea: un poema, una canción, una musiquita... Lo que sea. A menos de que crees algo, no te sentirás satisfecho. Sólo creando algo participas en el ser de Dios. Dios es el creador del todo, y cuando creas algo pequeño, de cierta forma te vuelves parte de Dios. Ésa es la única forma de cerrar la brecha entre Dios y tú. Ninguna oración ayudará; ningún ritual tiene importancia alguna. Sólo son estrategias engañosas inventadas por sacerdotes astutos y maliciosos.

La verdadera oración es ser creativo. Pero, ¿cómo puedes ser creativo si no sabes cuál es tu potencial, si no sabes en qué dirección te tienes que mover para volverte creativo y lograr la satisfacción?

El trabajo de la meditación es simplemente volverte consciente de tu propio potencial. Simplemente arroja luz dentro de ti; enfoca luz en tu ser interior para que puedas leer el mensaje.

DÍA **133** El hombre carga dentro de sí una inmensa capacidad para la música. Cuando digo «hombre» me refiero a todas las personas. Y cuando digo «música» no me refiero a la música ordinaria. No todos pueden ser músicos en el sentido ordinario. Sólo unos cuantos tienen ese talento; es algo innato, natural.

Por música me refiero a algo totalmente diferente. Me refiero a la experiencia interna de armonía. Es mucho más musical que cualquier música que se pueda crear. Es música no creada. No se necesitan instrumentos, formación ni experiencia. Lo único que se necesita de ti es que escuches su silencio profundo. Ya está ahí. Es tu propia vida. La gente zen lo llama el sonido de una mano aplaudiendo.

En la música ordinaria se necesitan dos cosas para crear sonido. Si tocas la guitarra, tienes que usar las manos sobre las cuerdas. Sólo a través de la tensión que crean tus dedos, las cuerdas crearán música. Pero la música interior es algo que ya está ahí desde el principio. Es como el latido de tu corazón; un poco más profundo, un poco más misterioso que el latido del corazón. Es el latido de tu verdadero corazón.

DÍA **134** Ha habido dos ríos de consciencia. Uno es el de los filósofos: Aristóteles es el padre de eso en Occidente, el creador. El otro es el de los místicos. Es un río totalmente diferente. No tiene nada que ver con filosofar; está arraigado en la experiencia existencial. Y casi siempre ha pasado que cuando hay un gran místico, sus seguidores siempre se dividen entre ambas corrientes.

Los verdaderos, los que entendieron al maestro, los que realmente amaron al maestro, se vuelven místicos.

Y los que sólo entendieron las palabras del maestro se vuelven muy conocedores, se vuelven filósofos.

Sócrates era un místico. Platón fue su discípulo, pero perdió la pista, se convirtió en filósofo. Aristóteles fue discípulo de Platón. Cuando Buda murió, treinta y seis sistemas de filosofía nacieron entre sus seguidores, ¡treinta y seis! Esos treinta y seis sistemas agotaron casi todas las posibilidades. De hecho, no puede haber más de treinta y seis sistemas; son todas las combinaciones posibles, todo el mundo de la filosofía explorado.

Y la gente real... Mahakashyapa, uno de los más auténticos discípulos de Buda, permaneció en silencio, no dijo nada. Inició una tradición totalmente distinta, la tradición de los místicos. Transmitió su experiencia no a través de palabras, no a través de las escrituras, sino a través de un tipo de comunión totalmente diferente: la comunión del maestro y el discípulo.

Fue a través de Mahakashyapa que nació la tradición del Zen. Él fue el primero, y después siguieron grandes místicos. Pero es un mundo totalmente diferente: no hay discusión sobre Dios ni sobre la verdad, ninguna discusión en absoluto. La mera discusión no es el camino, sino la meditación; no la mente, sino la meditación.

Esa gente se volvió más y más silenciosa. Y conforme te vuelves silencioso, tu fuente interior de dicha empieza a explotar. Y son las palabras y las teorías y las filosofías lo que sirve de roca y no permite que fluyan tus primaveras de dicha. Así que, desde este momento, recuerda: mi camino es el camino del místico, no el del filósofo. Creo en la dicha, no en las teorías sobre la dicha. Y quiero que lo pruebes, no sólo que pienses al respecto.

DÍA **135** La vida debería verse no como prosa, sino como poesía. Ése es el enfoque de la religión, el enfoque del místico. El místico observa no con preguntas en los ojos, observa con admiración, con asombro. No piensa en la existencia, la siente. Abre su corazón; en lugar de usar la cabeza, abre las puertas y ventanas de su corazón, deja que entren el sol y el viento y la lluvia. A eso me refiero con poesía. El místico es un poeta en el sentido último.

DÍA **136** Los místicos verdaderos han permanecido en silencio total sobre Dios. Cuando le preguntaban a Buda, él sonreía, pero nunca contestaba. No decía que sí ni que no, simplemente sonreía. Era una sonrisa muy conocedora, muy acogedora, muy seductora, pero sólo sonreía. Te pedía que lo acompañaras, que te sentaras en silencio con él, que compartieras sus meditaciones, y quizá algún día encontrarías la respuesta. Pero él no te daba la respuesta. Para mí, él ha sido una de las personas más honestas sobre la Tierra, porque no se puede decir nada de Dios, sólo el silencio: el verdadero Dios sólo se conoce en silencio.

Así que deshazte de todas las ideas sobre Dios y vuélvete más y más silencioso. Un día sucederá: cuando el silencio sea total, llegará de forma tan silenciosa, tan invisible, que será una gran sorpresa. No oirás sus pasos. En un momento no estaba y, al instante siguiente, ahí está y tú te desbordas con él. Ya no eres la misma persona, ni siquiera el mundo es el mismo.

DÍA **137** El hombre es poderoso cuando está con la existencia. Cuando no está con la existencia, es absolutamente impotente. Conectado con la existencia tienes poder infinito; desconectado estás simplemente vacío. Y, desafortunadamente, millones de personas viven desconectadas; por lo tanto, hay demasiada miseria, ese sentimiento de impotencia, de vacuidad, de futilidad.

Todo mundo de vez en cuando siente que la vida es totalmente absurda. No parece tener sentido. Uno sigue viviendo porque le da miedo suicidarse; le tiene miedo a la muerte: al menos está familiarizado con esta vida vacía. Uno nunca sabe lo que va a pasar en la muerte ni después de la muerte, así que es mejor seguir arrastrándose por el momento y esperar lo mejor. La gente está desconectada, ése es todo el problema. La religión simplemente significa el arte de conectarte con la existencia otra vez. Entonces estarás tan lleno de energía que empezará a desbordarse de ti. Podrás compartirla y no se agotará. De hecho, entre más des a los demás, más tendrás.

DÍA **138** Vivimos en el deseo. El deseo significa descontento. El deseo significa que cualquier cosa que sea, no está bien, no es suficiente: se necesita más. Y el deseo nunca se cumple. Por su propia naturaleza, es incumplible.

Puedes tener tanto como desees, pero cuando lo tengas, los deseos seguirán creciendo, pidiendo más. Su codicia no conoce límites, es ilimitada. Es como el horizonte: se ve tan cerca, puedes alcanzarlo en una hora si corres. Pero nunca puedes alcanzarlo. La distancia entre el horizonte y tú seguirá siendo la misma, constantemente la misma, porque no hay horizonte; es una ilusión. La tierra nunca se va a juntar con el cielo, es una apariencia. Lo mismo pasa con el deseo. Sólo *parece* que si alcanzas ese punto, si consigues esto o lo otro, habrá contento. Serás feliz, estarás satisfecho. Pero nunca sucede.

Uno tiene que entender el deseo y su futilidad. En esa comprensión, el deseo desaparece y uno queda en casa, en profunda paz. Cuando no hay deseo, no hay perturbación. El deseo es la única perturbación.

DÍA **139** Nuestros deseos son sueños, todos nuestros pensamientos son sueños. Y seguimos viviendo en sueños porque estamos dormidos. Los sueños sólo pueden existir si estamos dormidos, y desaparecen cuando nos despertamos. Trascender los sueños significa despertar.

Llegó el momento, ya has dormido suficiente, durante muchas, muchas vidas. No pierdas la oportunidad de despertar, porque hay pocas oportunidades, y es muy fácil perderlas. Así que pon toda tu energía en despertar. Al principio parece casi imposible, ¿cómo hacerlo? Pero si seguimos tratando… En el sueño uno se mueve y da vueltas, pero si uno sigue moviéndose y dando vueltas, perturbará el sueño. Y con un instante de estar despierto basta para desatar un nuevo proceso en tu ser. Entonces, habrá más y más momentos de despertar.

Cuando uno está totalmente despierto, 24 horas al día, incluso al estar dormido uno permanece alerta, consciente —cuando el cuerpo duerme, el alma nunca duerme—, cuando uno es capaz de estar despierto 24 horas al día, incluso cuando el cuerpo está descansando, entonces uno se puede sentir satisfecho. Ha llegado. Antes de eso, haz todos los esfuerzos posibles. No dejes ni una piedra sin remover.

DÍA **140** Estamos dormidos, no en el sentido ordinario, sino en el sentido metafísico. No sabemos quiénes somos, ¿cómo nos pueden llamar despiertos? No sabemos de dónde venimos, ¿cómo nos pueden llamar despiertos? No sabemos a dónde vamos, ¿cómo nos pueden llamar despiertos? No sabemos nada que sea esencial.

Sabemos muchas cosas que son basura: sabemos todo sobre la Luna y el Sol y la Tierra, y sabemos de historia y geografía, pero no sabemos nada sobre nosotros mismos. No sabemos nada sobre el que sabe, y ésa debería ser la preocupación principal de cualquier educación real. Sannyas es el inicio de una educación real. Fundamentalmente, te tienes que volver consciente de ti mismo, de quién eres. Y sólo tú puedes hacerlo.

DÍA **141** Ser un hombre es un gran regalo, pero muy pocas personas se dan cuenta. Pudiste haber sido cualquier cosa en este vasto universo, una piedra, una col, una papa, ¡cualquier cosa! ¡Y no hay corte de apelación! Uno es lo que es; no se puede hacer nada al respecto. ¿Qué puede hacer la pobre papa al respecto? Pero muy poca gente se da cuenta de que son seres humanos y tienen un inmenso potencial para crecer. La belleza y la grandeza de ser humano es que sólo a través del ser humano se puede alcanzar a Dios. Es un primer requisito básico. Ningún otro animal tiene un enfoque hacia Dios, sólo el hombre, y no todos los hombres. Sólo la gente que está realmente alerta y consciente crea un puente entre ella y Dios. Sin ese puente, la vida no tiene sentido y se puede perder una oportunidad muy fácilmente.

DÍA **142** Hay muchos caminos equivocados hacia Dios, y sólo un camino correcto. Los caminos equivocados son: uno puede ir hacia Dios por medio del miedo. Uno pensará que se está moviendo, pero nunca se moverá. Por eso es equivocado. ¿Cómo podrías ir hacia Dios si te mueves por miedo? La tendencia natural cuando estás asustado es escapar. Te puedes alejar más de Dios, pero no acercarte. Y todas las religiones le han enseñado a la gente a tenerle miedo a Dios. La gente religiosa se define como temerosa de Dios. Eso es ridículo: una persona religiosa nunca le teme a Dios, lo ama. El miedo no es un puente. Si tienes temor de Dios, en el fondo lo odiarás; en el fondo, es tu enemigo, no puede ser tu amigo. ¿Y cómo podrías entregarte por temor? La entrega sería superficial. Esperarás para vengarte. Es por culpa de esas religiones que la mente moderna ha tomado venganza. Es por culpa del miedo acumulado de siglos que Friedrich Nietzsche ha declarado: «Dios ha muerto y ahora el hombre es libre». Ésa es la frase entera. La gente sólo cita la mitad, que Dios ha muerto. La otra mitad es igual de importante, incluso más importante que la primera: «Dios ha muerto y ahora el hombre es libre». ¿Libre de qué? Libre del miedo. No hay nada que temer si Dios está muerto. Y la siguiente frase que dice Nietzsche es: «Ahora pueden hacer lo que quieran». Nadie te estorbará; ya no estás en una cárcel.

Nietzsche es el opuesto de todos los sacerdotes que

han creado miedo en la mente de la gente. El resultado es éste: Nietzsche es el resultado. Nuestro siglo es ateo por la sencilla razón de que ya nos cansamos de seguir atemorizados.

El hombre también puede ir hacia Dios por medio de la avaricia. Es el camino equivocado otra vez, porque la avaricia significa que quieres explotar. La avaricia significa que tienes ciertos deseos que cumplir por medio de Dios, que Dios no es tu meta. Quieres dinero, poder, el paraíso, quieres todos los placeres del paraíso. Y como eso no se puede alcanzar sólo por medio de Dios, te rindes ante él por obligación. Pero Dios es el medio, no el fin, y reducir a Dios a un medio es feo, es asqueroso. Dios es el fin último: no hay nada más allá de él.

Ésos son los caminos equivocados. Parecen ser caminos hacia Dios, pero no son caminos, son muros. El único camino correcto es el amor. Ama más, ama profundamente, ama por amar y te sorprenderá que despacio, despacio, algo nuevo empezará a suceder alrededor: se sentirá la presencia de la divinidad.

DÍA **143** Un corazón lleno de amor, de lealtad, de confianza es exactamente la definición de una consciencia religiosa. Se necesitan esas cualidades. Sin esas cualidades, uno no puede volverse consciente nunca de la divinidad, del amor, de la belleza, del inmenso esplendor de la existencia.

La existencia se conoce a través del corazón, no a través de la cabeza, y el corazón se acerca a la existencia en un amor y una confianza profundos. No hay otro camino para entrar en comunión con el todo.

Estas cualidades te transformarán, despacio, despacio. Te transforman desde la duda y la confusión hasta la certeza absoluta del conocer. Te sacan del caos de la cabeza y te llevan a la armonía del corazón. Recuérdalas.

DÍA **144** La oración no significa decirle algo a Dios, pedirle algo; la oración significa escuchar a Dios. Si tienes que decir algo, sólo puede ser «gracias». Basta con un simple sí. Pero las religiones organizadas de todo el mundo han estado enseñando oraciones innecesarias. Y la gente las repite, como loros. Han perdido todo significado, se han convertido en mero ritual, son sólo formalidades. Tienes que aprender la oración verdadera. Consiste en el silencio, consiste en la escucha profunda. Dios te quiere transmitir algo. Te está buscando, pero nunca te encuentra porque siempre estás muy ocupado. Sé silencioso, más y más desocupado, más y más disponible, y pronto empezarás a oír la tranquila vocecita interior.

Dios no habla desde el exterior, habla desde tu centro más profundo, él ya está ahí. Y conectarte con tu centro más profundo es la verdadera oración. Cuando estás conectado, hay tanta dicha y tanto éxtasis que sólo puedes inclinarte en una gratitud profunda.

DÍA **145** Hay muchos adoradores, el mundo está lleno de ellos. Iglesias, mezquitas, templos, sinagogas están todos llenos de fieles, pero yo no los llamo adoradores. Su culto es sólo un ritual. Simplemente están siguiendo una tradición. Ellos están adorando símbolos. Sus corazones no están llenos de amor, realmente no tienen sed de Dios; simplemente están desempeñando un deber social. Tal vez se han vuelto adictos a ello; si no lo hacen, sienten que algo les falta. Es como fumar o beber: uno se vuelve adicto. El ritual se vuelve parte de tu vida mecánica. Si no lo haces, te persigue todo el día. Así que la gente ora, alaba, va al templo, pero todo es superficial. No los transforma. Si la adoración es verdadera, creará un nuevo ser a partir de ti mismo. Será un renacimiento.

A mí no me interesan los rituales. Yo no digo que deberías pronunciar una oración en particular, que deberían de repetir ciertas fórmulas como loros en árabe, en hebreo, en sánscrito, en alguna lengua muerta, olvidada hace tiempo. Yo no enseño esas sandeces. Yo simplemente te enseño a amar la belleza de la existencia que te rodea. Ésa es la verdadera alabanza, porque Dios está manifiesto; está disponible de mil maneras: en los árboles, en las flores, en las aves, en las montañas, en el sol, en la luna, en las personas, en los animales. Siéntelo. En lugar de creer, siente la belleza de la existencia, siente el esplendor del universo, el esplendor de una noche estrellada. Si eso no causa admiración en ti, entonces nada podrá causarla.

DÍA **146** La vida es una canción. Haz que la vida ordinaria sea lo más gozosa posible; haz algo extraordinario de ella. No condenes lo ordinario, eso es lo que hacen los tontos. Transforma lo ordinario, eso es lo que hacen los sabios. Lo mundano no está en contra de lo sagrado, lo mundano es sólo un paso hacia lo sagrado.

Las religiones han condenado mucho la vida; por lo tanto, han destruido todo gozo, canto, baile, celebración. Alaban el otro mundo y condenan éste. Para mí, éste y el otro son uno. No hay dos mundos, sólo hay uno, y si condenas este mundo, no puedes alabar el otro. Si quieres alabar el otro, tienes que alabar éste. Y cuando hayas aprendido a vivir en esta tierra de forma hermosa, gozosa, estarás consciente de la presencia de la divinidad en todos lados. Así que vive la vida como si fuera una canción, ése es mi mensaje para ti.

DÍA **147** La existencia es absolutamente imparcial, pero eso no significa que sea fría. Es muy cálida, amorosa, protectora, cuidadosa. Pero nosotros no estamos abiertos a su calidez, estamos cerrados.

El problema es nuestro, no de la existencia. Por lo tanto, la intención a través de los tiempos ha sido una sola: ayudar a la gente a abrirse para que pueda entrar en comunión con las estrellas y las nubes y el Sol y la Luna, porque Dios es esa totalidad. No hay otro Dios que esta existencia. Y a menos de que estés abierto y sin miedo, nunca serás consciente de lo que te estás perdiendo. Te estás perdiendo de la vida, del amor, de la verdad. Sannyas significa un anhelo por entrar en comunión con la existencia.

Toma valor y ábrete a toda la belleza y la bendición. Es toda tuya. Es tuya sólo por preguntar.

DÍA **148** Los sacerdotes, a través del tiempo, han condenado tanto al hombre que todo mundo se siente rechazado, todo mundo siente que es basura. Despacio, despacio, los sacerdotes han destruido todo amor propio. Han creado una división en cada persona: la parte que condena y el condenado.

Al que condena lo llaman tu conciencia, y al condenado lo llaman tus instintos. Esta división te mantiene en una batalla constante contigo mismo, en desarmonía. Estás enemistado contigo mismo, y ésa no es la forma de conocer la existencia.

La primera lección es amarte a ti mismo como eres, porque la existencia te ama como eres. Eso no significa que tengas que ser el mismo para siempre. De hecho, ése es el primer paso de la transformación: si te amas a ti mismo, serás capaz de crecer más rápidamente.

DÍA **149** La existencia siempre está con nosotros; el problema está de nuestro lado, nosotros no estamos con ella. Si la existencia no estuviera con nosotros, no podríamos existir ni siquiera por un instante. Es nuestra vida, respira en nosotros, late en nuestros corazones, es nuestra consciencia. Siempre está con nosotros, pero nosotros no siempre estamos con ella.

Cuando nosotros también estamos con la existencia, sucede un cambio radical. Te vuelves consciente del significado, de la importancia de la canción de la vida. Entonces te vuelves consciente de todo lo que se te ha dado, de todo lo que se te ha otorgado. Así, sentirás un gran agradecimiento, y ese agradecimiento es el centro esencial de la religión, la propia alma de la religión. Todo lo demás es ritual. Sentir gratitud es ser religioso.

DÍA **150** Ésta es la ley de la existencia: la verdad no se puede conquistar, pero se puede invitar. Uno tiene que ser simplemente un anfitrión para el mejor invitado. Y eso es a lo que llamo meditación. Meditar simplemente te vacía de toda la basura. Te vacía por completo para que te vuelvas espacioso, receptivo, sensible, vulnerable, disponible. Y todas esas cualidades te hacen invitar apasionadamente: invitar a lo desconocido, a lo innombrable, a lo que hará de tu vida una satisfacción, sin lo cual tu vida es sólo un ejercicio totalmente inútil. Pero uno no puede hacer nada más que eso: sólo hacer una invitación y esperar.

DÍA **151** Lo único esencial es la consciencia. Y la gente se pierde en lo no esencial. Han ignorado lo esencial; venderían lo esencial por lo no esencial. Así es como todo mundo ha vendido su alma por lo no esencial. Así es como todo mundo ha vendido su alma y se ha quedado desalmado.

DÍA **152** El hombre tiene que ser luz para sí mismo. Deshazte de la idea de que las escrituras te pueden guiar, de que es posible tomar prestado el conocimiento. Ésa es una de las mayores barreras en la búsqueda espiritual. No se necesita nada del exterior. La existencia te ha brindado todo lo que necesitas en la travesía. La luz está ahí y sólo tu luz interior te puede ayudar a distinguir el bien del mal, a no descarriarte, a moverte siempre hacia la divinidad. Aquéllos que dependen de los demás simplemente están desperdiciando su oportunidad. Mi intención es guiarte; no darte instrucciones, no darte ciertos estilos de carácter, estructuras, patrones, sino ayudarte a ser tú mismo.

DÍA **153** Los sueños se pueden lograr, todos los sueños se pueden lograr. El sueño último, el de ser dichoso, está tan cerca que es muy extraño que la gente se lo siga perdiendo. Está al alcance, al alcance de todos. Sólo tienes que buscarlo un poco a tientas y estará ahí.

Pero la gente no busca a tientas, si lo hace, lo hace en direcciones equivocadas, y la vida sigue insatisfecha. Y vivir una vida insatisfecha es una agonía, es el infierno. Eso es el infierno. No es un lugar geográfico: es un estado de psicología insatisfecha. Cuando hay satisfacción, hay paraíso.

DÍA **154** Vivimos obsesionados en la cabeza. Ése es nuestro único problema. Y sólo hay una solución: baja de la cabeza al corazón y todos los problemas desaparecerán. Los crea la cabeza. De pronto, todo es claro y tan transparente que uno se sorprende de haber estado inventando problemas continuamente. Los misterios permanecen, pero los problemas desaparecen. Los misterios abundan, pero los problemas se evaporan. Y los misterios son hermosos. No se tienen que resolver, se tienen que vivir.

DÍA **155** Estamos haciendo un gran esfuerzo por seguir siendo desgraciados. La gente no se da cuenta. Y cuando se percaten, se reirán de la ridiculez de lo que se han estado haciendo a sí mismos.

Están haciendo mucho esfuerzo por crear miseria de cualquier forma posible. No pierden ni una sola oportunidad; aprovechan todo lo que pueda hacerlos desgraciados. Se tiene que cambiar este enfoque. Y la vida te da ambas oportunidades. Te da el día y la noche, te da las espinas y las rosas: te da ambas oportunidades.

Siempre está equilibrado, siempre es 50-50; depende de lo que escojas. El milagro es que, si escoges las espinas, tarde o temprano no encontrarás flores, porque tu mente se acostumbrará sólo a las espinas. Sólo podrás ver espinas y te perderás las flores; simplemente no las notarás. Y lo mismo les sucede a los que escogen flores: se les empiezan a olvidar las espinas, ya no las notan. Su enfoque se vuelve tan positivo y tan afirmativo que toda su aritmética es distinta.

DÍA **156** Llega por cualquier puerta al templo de Dios... Podrás tratar de llegar a través de la paz, y la dicha llegará y el amor llegará y la compasión llegará, y habrá un gran entendimiento de otra gente; llegará el perdón, una gran humildad, la ausencia de ego, la verdad, la sinceridad, la autenticidad. Todo eso florecerá. Sólo llega desde cualquier dirección. Trata de llegar a través del amor o de la compasión. No importa; hay muchas puertas para el templo de Dios. Pero necesitarás la misma llave para abrir todas las puertas, y eso es la meditación, la consciencia.

DÍA **157** El hombre, cuando no está consciente de sí mismo, es un mendigo. El hombre consciente de sí mismo es el mayor emperador posible, porque cuando te vuelves consciente de ti mismo, todo el Reino de Dios es tuyo. Ya se te dio, es sólo que estás dormido. Está ahí, pero tú no lo ves. Tus ojos están enfocados en el exterior.

DÍA **158** La sociedad quiere que estés muerto, no vivo. Está concentrada en cómo matarte y aun así usarte como mecanismo eficiente. Y la sociedad ha tenido éxito:

ha destruido la vitalidad y la ha remplazado con eficiencia mecánica. Tiene todo su interés puesto en la protección, incluso al precio de la vida. Está más interesada en la mercancía que en el crecimiento humano. Por lo tanto, sigue predicando la paz, la obediencia, la no perturbación, y alaba esa paz como si fuera algo divino, algo de gran valor. Pero uno sólo puede volverse pacífico de esta forma si es estúpido, si no puede ver el precio que está pagando por esa paz muerta, que no vale nada en absoluto. Está perdiendo su libertad, su inteligencia, su gozo, su amor, toda su cualidad de ser aventurero.

Todo su ser está perdido; se convierte en un engranaje útil en la rueda, en una pieza reemplazable. Si A muere, puede ser reemplazado por B; si B muere, puede ser reemplazado por D o C, porque no eran individuos, sólo eran funciones. Todas las religiones han tratado de hacer esto; ha habido una conspiración entre los sacerdotes y los políticos para destruir a la humanidad.

Muy pocas personas se han rebelado en su contra, y es bueno que pocas personas lo hayan hecho, pero entonces cayeron en el otro extremo. Se deshicieron de toda la idea de paz, la tildaron de inútil, de despreciable, de estrategia política para dominar, y no estaban dispuestos a ser dominados por nadie. Escogieron ser dichosos, gozosos. Pero una dicha sin paz es febril; es emocionante pero agotadora, y al final, no hay satisfacción en ésta. Te mantiene caliente, ardiente; le da intensidad a tu vida. Y si ésa es la única posibilidad, escoger entre una paz fría y una dicha caliente, entonces yo diría que escojas la dicha caliente. Al menos así estarás vivo, febril pero vivo; ¡te volverás loco, pero estarás vivo! Tarde o temprano te volverás loco, ¡pero al menos estarás vivo!

Si ésa es la única alternativa, entonces voto por la dicha. Pero no es la única alternativa: es el otro extremo. Mi intención es crear una síntesis más alta en la que la paz y la dicha sean dos aspectos de la misma moneda. Entonces sucederá un bello fenómeno: tendrás dicha, pero no estarás caliente, y tendrás paz, pero no estarás frío. Estarás exactamente en medio, ni frío ni caliente.

DÍA **159** No somos conscientes de lo preciosos que somos. No estamos conscientes del tesoro inagotable que cargamos en nuestro interior. Y como no estamos conscientes de ello, seguimos deseando pequeñeces, luchando por cosas mundanas, peleando, compitiendo por algo trivial. Cuando te vuelves consciente de tu propia belleza interior, toda esa lucha del exterior desaparece. La vida se vuelve calmada y tranquila. La vida alcanza la gracia. Uno ya no se interesa por lo no esencial.

DÍA **160** La consciencia es lo que han estado buscando los alquimistas: el elixir, el néctar, la fórmula mágica que pueda ayudarlos a convertirse en inmortales.

De hecho, todo mundo es inmortal, pero vivimos en un cuerpo mortal y estamos tan cerca de él que surge la identidad. No hay distancia para ver al cuerpo separado. Estamos tan inmersos en el cuerpo, tan arraigados en el cuerpo, que empezamos a sentir que somos el cuerpo, y entonces surgen los problemas:

empezamos a tenerle miedo a la muerte. Entonces todos los miedos, todas las pesadillas, vienen por añadidura.

La consciencia crea distancia entre tu cuerpo y tú. Te vuelve vigilante de tu propio cuerpo y mente, porque cuerpo y mente no están separados. El *cuerpomente* es una identidad, la mente es el interior del cuerpo. Y cuando te vuelves consciente del *cuerpomente*, inmediatamente sabes que estás separado de ambos y empieza a aparecer una distancia. Entonces sabes que eres inmortal, que no eres parte del tiempo, que eres parte de lo eterno. Sabes que para ti no hay nacimiento ni muerte, que siempre has estado aquí y que siempre estarás aquí.

DÍA **161** La vida está llena de gloria divina, pero nosotros somos inconscientes. Estamos tan profundamente dormidos que se nos sigue escapando su gloria. Es la existencia más perfecta posible, la más hermosa, la más magnífica. No se puede mejorar. Pero estamos dormidos; por lo tanto, no podemos tener conexión con ella. Es como si fuera primavera y los árboles estuvieran floreciendo y los pájaros cantando y el viento bailando entre los árboles y tú estuvieras dormido.

No verás los rayos del sol que llegan a ti por entre los árboles ni los hermosos patrones que crean a tu alrededor. No verás las flores, sus colores. No verás la danza de los árboles y el viento. ¡Ni siquiera sabrás que estás en un jardín! No tendrás conexión con la primavera. Estarás encerrado en ti mismo. Podrás estar teniendo una pesadilla y estar sufriendo en ella; podrás estar gritando, llorando y sollozando. No tiene relación con la realidad que te rodea. Ésa es exactamente la situación del hombre.

La existencia siempre está en primavera, pero uno tiene que estar despierto para saberlo, para sentirlo, para vivirlo. Y cuando hayas probado el gozo que te rodea, serás religioso, surgirá una gran gratitud en ti, y agradecimiento y oración.

DÍA **162** Pon todas tus energías en una cosa: cómo estar más consciente. Y si uno pone todas sus energías en la consciencia, sucederá, es nuestro derecho de nacimiento. Pero uno no debe hacer las cosas a medias. No puede suceder si haces las cosas a medias, sólo sucede cuando estás a 100% en ello, cuando contienes nada, cuando has puesto todas tus cartas en la mesa, incluida la mejor, cuando no escondes nada. Cuando estás en ello totalmente, sucede de inmediato. Y que suceda es una gran revolución. Te transforma desde lo más bajo hasta lo más alto, de lo evidente a lo sutil, de lo visible a lo invisible; te lleva de la mente a la no-mente.

Y vivir en la no-mente es ser sabio. Funcionar con la no-mente es funcionar con sabiduría. Entonces, tu vida tiene belleza, gracia, divinidad. Así, lo que hagas estará correcto. No puede ser incorrecto; es imposible equivocarse, porque estás tan lleno de luz y entendimiento, tu visión es tan clara y despejada que es imposible hacer nada mal. El bien sucede por voluntad propia. No hay necesidad de cultivar el carácter; con la consciencia basta: el carácter sigue como una sombra.

DÍA **163** Conocerse a sí mismo es conocerlo todo. Y eso es lo único que yo enfatizo: ninguna creencia, ningún dogma, ningún credo, ninguna iglesia, ninguna religión. Mediante un simple proceso de observación interior te das cuenta de ti mismo. Y cuando sepas quién eres, inmediatamente conocerás el centro esencial de la existencia entera, de la vida misma, porque eres parte de ella.

DÍA **164** La vida puede ser sólo un montón de flores o se puede transformar en un arreglo floral. La tuya es sólo un montón de flores, no tiene unidad orgánica, es sólo una multitud de muchos «yos», todos luchando y peleando por la supremacía. El hombre vive en una guerra interior constante, y cada yo trata de jalarte hacia una dirección distinta. Siempre te estás partiendo en pedazos. La vida se puede vivir de una forma totalmente diferente. Las flores separadas se pueden conectar con un hilo, con algo que pase por todas ellas, por un sentido de dirección, por la consciencia, siendo más consciente. Entonces, la vida deja de ser accidental, deja de ser una multitud; empiezas a tener un ser integrado.

Y entre más cristalizado e integrado estés, más gozo será posible. La cantidad de dicha que puedas recibir depende de tu integridad. Una persona fragmentaria sigue siendo miserable, una persona integrada alcanza la dicha.

DÍA **165** Un corazón humilde es una de las mayores virtudes de quien busque la verdad. Sólo los humildes pueden conocer la verdad. Los egoístas la tienen prohibida; el ego mismo se convierte en una barrera, te corta la existencia. Ego significa que crees que estás separado del todo, pero no lo estás. No somos islas, ningún hombre es una isla. Somos parte de un continente infinito. El ego nos da un sentimiento falso de separación, y por ese sentimiento falso de separación nos encerramos en nosotros mismos, despacio, despacio. Nos volvemos demasiado autoconscientes, centrados en nosotros mismos, totalmente cerrados al mundo, al sol, a la luna, al viento, a la lluvia. Nos encapsulamos; es una especie de muerte en vida. Empezamos a cargar nuestras tumbas nosotros mismos. Es una tumba invisible, pero de cualquier forma es una tumba.

DÍA **166** La vida, en realidad, es ilimitada, infinita. No está confinada al cuerpo ni a la mente. No está confinada en absoluto; es oceánica. Incluso los océanos tienen ciertos límites, pero la vida no tiene límites en absoluto, no tiene principio ni fin.

Pero nos hemos identificado mucho con el cuerpo y la mente. Hemos olvidado por completo que ésta no es nuestra realidad. El cuerpo es sólo un caravasar, una casa de huéspedes. Hemos vivido en muchos cuerpos.

No es la primera vez que te hospedas en un hotel. Te has hospedado en muchos. E incluso aunque sea un hotel de cinco estrellas, tan sólo es un hotel. Tú no eres el hotel; eres el viajero, el peregrino, la vida, la consciencia que se va desplazando de un cuerpo al otro, de una mente a otra, de una forma a otra. Cuando nos demos cuenta de que somos amorfos, será un gran día: será el día de la revelación. Después de eso, nunca seremos los mismos.

DÍA **167** El hombre es como una gota de rocío. La existencia es como el océano y nosotros tratamos de mantenernos separados de él. Ésa es la razón de fondo de nuestra miseria. Sólo se necesita una cosa: salta al océano para que la gota de rocío desaparezca.

No desaparece realmente, sólo pierde sus pequeños límites. Se vuelve oceánica, se vuelve el océano mismo. Pero en cierto sentido, desaparece. Ya no puedes encontrarla. Pierde su antigua identidad, su antigua etiqueta, su antigua dirección. Se ha vuelto parte de tal vastedad que no hay forma de encontrarla, no sobresale. Ése es el miedo. Por eso seguimos manteniéndonos alejados del océano.

Sannyas significa un esfuerzo por tomar valor para desaparecer en el océano. El día que mueres en lo supremo es el mejor día de la vida porque entonces te conviertes en lo supremo. No es la muerte. Es la resurrección. El tiempo muere, nace la eternidad. La finitud muere, pero nace el infinito. La pequeñez muere pero nace la inmensidad. Vale la pena tratar.

DÍA **168** Disuélvete en lo divino, al igual que un río se disuelve en el océano. No te pienses separado de la existencia. Fúndete, mézclate cada vez más. Seguimos insistiendo en que estamos separados. Ése es el único acto irreligioso: enfatizar la separación. Enfatizar la unidad es la religión.

Tiene que volverse un esfuerzo consciente. Al ver un atardecer, disuélvete en él. No seas un simple observador; deja que el observador y lo observado se vuelvan uno. Despacio, despacio, aprenderás el truco. Entonces, sentado junto a un árbol, podrás sentir profundamente la unidad con el árbol. Esos pequeños experimentos te pueden guiar finalmente a sentir la unicidad con el todo, y esa experiencia es la divinidad.

DÍA **169** Recordar «Yo soy Dios» significa recordar «Yo soy el cielo». Todas las experiencias que pueden suceder en la vida son como pequeñas nubes; vienen y van, no vale la pena ponerles mucha atención. No te fijes en ellas. Que eso sea tu meditación. Recuerda siempre que tú eres el cielo, el cielo infinito, ninguna nube te puede deformar. Despacio, despacio, las nubes dejarán de ir hacia ti. Nunca llegan sin invitación. Quizá no hayas invitado al dolor, pero invitaste al placer, y el dolor es la otra cara del mismo fenómeno. Invita a uno y el otro llegará. No se pueden disociar, siempre están juntos.

Cuando dejes de invitarlos, esos invitados empezarán a desaparecer.

DÍA **170** La meditación es el principio real de la vida. El primer nacimiento no es el principio de la vida. El primer nacimiento es sólo el principio de una oportunidad de vivir. El primer nacimiento sólo te vuelve vivo en potencia, no en acto. Esa potencialidad se tiene que transformar en acto, sólo entonces estarás realmente vivo. Y la meditación es el arte de transformar la semilla en flor. Es a través de la meditación que uno alcanza el segundo nacimiento.

Con el primer nacimiento, el cuerpo nace, con el segundo, nace el alma. Y sólo cuando nos damos cuenta de que somos un alma, nuestra vida queda satisfecha; de lo contrario, es un total desperdicio. La semilla sigue siendo semilla; nunca retoña, nunca se convierte en árbol, nunca florece. Nadie descansa bajo su sombra, ningún pájaro lo va a visitar, ningún viento baila a su alrededor. No hay diálogo con las nubes, el sol, la luna, las estrellas. La semilla no se puede comunicar con la existencia. Está cerrada, encapsulada dentro de sí misma.

La meditación te abre. La meditación no es nada más que abrirse multidimensionalmente a todo lo que es: a la belleza de la existencia, a la música de los vientos, a la libertad de las nubes, a todos los misterios que te rodean, a todo lo que está dentro y fuera.

DÍA **171** La gente vive de una forma muy burda, con ira, con celos, con posesividad, con ego.

¿Cómo podrías ser poeta? Podrás ser asesino, pero no poeta. Incluso aunque escribieras poesía, tu poesía estaría llena de sangre. Debemos eliminar todos esos elementos burdos de nuestro ser, porque están destruyendo demasiada energía, desperdiciando demasiadas oportunidades. Todas esas energías deberían transformarse en canciones, en gozo, en amor, en paz. Entonces, la vida se vuelve poesía. Entonces, ser es un gozo total.

Tan sólo ser es más de lo que uno podría pedir, tan sólo respirar es prueba suficiente de que la existencia es, porque cada respiración trae éxtasis con ella. La vida se vuelve una armonía y melodía tales, una danza tal que no podemos creer que sea posible. Sólo podemos creerlo cuando sucede.

DÍA **172** El ego es el único problema, y entonces crea mil y un problemas más. Crea avaricia, crea enojo, crea lujuria, crea celos, y así sucesivamente. Y la gente sigue luchando contra la avaricia, contra la ira, contra la lujuria, pero es inútil. A menos de que cortemos la raíz, seguirán creciendo nuevas ramas. Podrás seguir podando las ramas y hojas, pero no servirá de nada. De hecho, al podarlo, el árbol se vuelve cada vez más grueso. El follaje se volverá cada vez más grueso. El árbol se volverá más fuerte. Yo insisto: no luches contra los síntomas, ve a la mera raíz del asunto, que es sólo una, el ego.

Córtalo desde ahí y el resto de los problemas desaparecerán como si nunca hubieran existido. Si tan sólo puedes aprender a estar sin ego, como si no fueras, como si fueras nadie, nada, entonces alcanzarás lo supremo. No hay meta más alta que ésa. Y se puede hacer fácilmente porque el ego es un fenómeno falso; por lo tanto, se puede dejar de lado. No es algo real. Es imaginario, es una sombra. Si sigues creyendo en él, será. Si lo observas profundamente, no se encuentra en absoluto.

La meditación significa simplemente buscar el ego en el fondo, buscar en cada esquina y rincón de tu ser. No se encuentra en ninguna parte. Cuando no se encuentre en ninguna parte, se habrá terminado y tú renacerás.

DÍA **173** No ser es la única forma de ser realmente. Por eso no puedo estar de acuerdo con Shakespeare en que ser o no ser sea la cuestión. No es la cuestión en absoluto, ¡porque no ser es la única forma de ser!

Cuando desapareces como ego, te vuelves vasto; empiezas a experimentar éxtasis oceánicos, ilimitados. Pero estamos demasiado apegados a la mente, que es algo muy pequeño, una biocomputadora muy pequeña. Y estamos apegados al cuerpo, demasiado identificados con él. Es sólo una chocita. Vive en ella, mantenla limpia, hermosa. Usa tu biocomputadora, cuídala como debemos cuidar cualquier mecanismo —y es un mecanismo muy sutil y delicado— pero no te identifiques con esas cosas. Es como un chofer que se identifica con su coche. Por supuesto que está en el coche, dentro, pero no es el coche. Lo mismo sucede con nosotros: nos hemos identificado con el mecanismo en el que vivimos. Y esa identificación crea la idea de ego: «Soy el cuerpo, soy la mente. Soy cristiano, soy hindú, soy blanco, soy negro, soy esto, soy lo otro…».

Todo eso no es nada más que identificación. Meditación significa desidentificarse, hay que recordar: sólo soy consciencia, vigilancia, un testigo. El ego se disuelve en ese atestiguamiento; y la disolución del ego es la mayor revolución. De pronto, te transportas de un mundo pequeño y feo a lo vasto y lo bello, del tiempo a la eternidad, de la muerte a la inmortalidad.

DÍA **174** Uno de los mayores misterios de la vida es que nacemos con una dicha perfecta en nuestro ser y seguimos siendo mendigos porque nunca vemos hacia adentro de nosotros mismos. Lo damos por hecho, como si ya supiéramos todo lo que está dentro. Es una idea bastante idiota, pero prevalece en el mundo entero. Estamos dispuestos a ir a la Luna a buscar la dicha; pero no estamos dispuestos a ir hacia adentro de nosotros mismos por la sencilla razón de que, sin haber entrado nunca, pensamos: «¿Qué hay dentro?». De alguna forma vamos cargando la noción de que nos conocemos a nosotros mismos. No nos conocemos en absoluto.

Sócrates tenía razón al decir: «Conócete a ti mismo». En esas palabras se condensa toda la sabiduría de todos los sabios, porque al conocerse a uno mismo se conoce todo y se satisface todo y se logra todo.

DÍA **175** El cielo no está en otro lado; tienes que crearlo al igual que creas el infierno. Es un estado psicológico. Y cuando sepas que eres el creador, habrá gran libertad. Si el otro es el responsable, tú no eres libre: siempre estás sometido, porque el otro siempre puede crear miseria o felicidad para ti. Eres dependiente en ambos sentidos, y a nadie le gusta la dependencia.

DÍA **176** El hombre vive inconscientemente; hace muchas cosas porque los demás las hacen. Sigue e imita. No está exactamente consciente de por qué hace las cosas, ni siquiera está consciente de quién es. ¿Qué más se podría esperar cuando un hombre no está consciente de quién es, de dónde viene, a dónde va y por qué?

Ésas son las preguntas básicas que sólo se pueden resolver mediante la meditación. Ninguna filosofía te puede ayudar a resolverlas. Te ofrecerá muchas, muchas respuestas, pero todas serán hipotéticas y, si las reflexionas, siempre podrás encontrar muchos defectos, muchas fallas. La meditación es existencial, no filosófica. Te ayuda a volverte tan consciente que te encuentres a ti mismo.

La meditación te vuelve un espíritu vigilante. Estás

lleno de consciencia. Conforme la inconsciencia empieza a retroceder y la consciencia empieza a reclamar más y más terreno, tu vida se vuelve cada vez más centrada, más satisfecha, más gozosa, más significativa. Y cuando toda la oscuridad del inconsciente haya desaparecido y estés lleno de luz, pura consciencia y nada más, todos los misterios se te habrán revelado.

La verdad es una revelación, no una conclusión del pensamiento; una revelación en la meditación, no una conclusión a través de un proceso mental.

DÍA **177** Pureza es cuando vives en una consciencia no opcional: cuando no estás preocupado por el bien ni el mal, cuando no te divides en absoluto, cuando aceptas todo como divino, cuando las divisiones han quedado de lado, cuando sólo ves la unidad. Incluso en el Diablo ves a Dios; e incluso en la oscuridad ves luz; e incluso en la muerte ves vida eterna. Cuando se dejan de lado las maneras comunes de ver las cosas como duales, te vuelves puro, porque entonces nada te puede contaminar. Ése es el estado más alto de la consciencia.

Tenemos que trascender toda dualidad: moral-inmoral, bueno-malo, vida-muerte, verano-invierno. Se tiene que trascender todo para poder ver la unidad. Se puede ver la unidad de millones de formas; se puede reconocer la unidad en todos lados, en cualquier forma que aparezca.

Es posible. Lo único que se necesita es un poco de esfuerzo para estar más despierto, un poco de esfuerzo para estar consciente y sin opción; sólo sentado dentro, viendo la mente, sin escoger nada.

El tráfico pasa, tú te sientas a un lado sin preocupación, tranquilo. Despacio, despacio, una pureza empieza a descender sobre ti. Esa pureza es liberación.

DÍA **178** Aprende consciencia. Vuélvete cada vez más alerta a todo lo que hagas y a todo lo que pase por tu mente y se mueva en tu corazón. Está consciente de esas tres capas: el cuerpo, la mente, el corazón; acciones, pensamientos, sentimientos. Está consciente de todos esos planos y despacio, despacio, la consciencia empieza a establecerse y el cuarto plano habrá nacido en ti. Cuando nazca el cuarto, la divinidad te habrá penetrado. El cuarto es tu alma, tu centro más profundo. Y su revelación te dice que no naciste y que no morirás, que eres parte de la eternidad.

El mero sentimiento de la eternidad es éxtasis. Toda tu perspectiva cambia. Es el mismo mundo, pero ya no es el mismo porque tú ya no eres el mismo. Jesús dice una y otra vez: «Si no cambian y no llegan a ser como niños, nunca entrarán en el Reino de los Cielos». Pero eso no significa que los niños estén en el Reino de Dios, si fuera así, no lo perderían. ¿Quién puede perder el mundo de Dios, el Reino de Dios, por cosas mundanas? No están en él, no están conscientes de él; por eso el énfasis: aquéllos que son *como* niños pequeños. Recuerda la palabra *como*: no dice los que *son* niños pequeños, dice *como*. Una cosa es segura, no *son* niños: son *como* niños pequeños. Ésa es la definición de un sabio: alcanza una segunda infancia.

DÍA **179** El verdadero místico no es un asceta, no se flagela. Ama la vida, disfruta la vida, porque la vida no es nada más que existencia manifiesta. Un verdadero místico está lleno de canciones. Cada una de sus palabras es una canción. Si se entiende correctamente, cada uno de sus movimientos es una danza; si se entiende correctamente, cada uno de sus gestos es una celebración.

Eso sólo sucede gracias al estado más alto de consciencia. Cuando hayas tocado el pico más alto, cuando no haya nada más allá, cuando hayas trascendido el más allá…

Cuando todo haya quedado atrás, cuando el cuerpo esté muy lejos, abajo en el valle, cuando la mente también esté en algún lugar del camino y seas pura consciencia, un espejo puro que no refleje nada, sin contenido, sólo consciencia pura, sin objeto, sólo subjetividad pura, a eso se le llama *samadhi*. Y entonces miles de canciones empezarán a surgir en tu ser, miles de flores brotarán. A menos de que pase eso, ningún hombre estará satisfecho, ningún hombre podrá contentarse nunca, ningún hombre debería contentarse antes de que eso pase.

Uno debería cargar un descontento divino dentro del corazón. Uno debería seguir cargando el descontento divino para la meta última. Uno debería convertirse en un anhelo intenso por alcanzar *samadhi*, para alcanzar la superconsciencia. Es posible, porque les ha sucedido a otros seres humanos: a Jesús, a Buda, a Zaratustra, a Lao Tsé. Te puede suceder a ti, le puede suceder a todo el mundo. Es el derecho de nacimiento de todos; sólo tenemos que reclamarlo.

DÍA **180** Sé del corazón. Salte de la cabeza y deslízate hacia el corazón. Piensa menos, siente más y, finalmente, siente incluso menos: sé más. Éstas son las tres etapas: pensamiento, sentimiento, ser.

Estamos en el punto del pensamiento, pero tenemos que estar en el punto del ser. Entonces habrá sabiduría, sabiduría liberadora: nos libera del cuerpo, nos libera del mundo, nos libera de todas las limitaciones, nos libera de la personalidad y nos vuelve capaces de fusionarnos con lo universal. Al igual que un río desaparece en el océano, el hombre del corazón desaparece en la existencia.

DÍA **181** La gente vive como unidad biológica y muere como unidad biológica. Muy poca gente ha alcanzado su ser espiritual, y los que lo alcanzan son las únicas personas reales. Todo mundo tiene el potencial, pero la gente nunca trabaja en ello, así que se queda como mero potencial y se pierde. *Puede* convertirse en acto. Así que toma la decisión de que, de ahora en adelante, toda tu vida sea un esfuerzo concentrado por volverte más y más consciente. Y conforme empiecen a surgir en ti destellos de consciencia, quedarás sorprendido: la dicha viene tras cada momento de consciencia. Conforme la consciencia se profundice, también la dicha se profundizará. La dicha es la consecuencia, el subproducto de estar consciente.

DÍA **182** Yo no enseño la pureza, no enseño la moral, ésos son sinsentidos. Yo sólo enseño la meditación, para que te puedas deshacer de la mente. La mente le pertenece a la sociedad y la meditación te pertenece a ti. Con la meditación eres absolutamente libre, y de pronto empiezas a descubrir tus tesoros intrínsecos. Y luego empieza una gran peregrinación de gozo, belleza, canciones, celebración. Es un proceso interminable. Te da la visión de la eternidad. Te da la certeza de que eres inmortal.

DÍA **183** La sociedad necesita que todos los niños vayan a la escuela, a la universidad, casi un tercio de la vida se desperdicia forzando la energía hacia un centro antinatural, la cabeza, y creando barreras para que la energía no se vaya al corazón. El proceso natural es que la energía salga del ser y vaya hacia el corazón, y del corazón a la cabeza. Ése es el proceso natural, y si la energía sale por el corazón, entonces el corazón sigue siendo el amo y la cabeza se convierte en el sirviente. Todo el truco de la llamada educación es evadir el corazón completamente y crear un paso directo entre el ser y la cabeza, e ignorar el corazón.

Se ha hecho: el corazón se deja de lado y la energía empieza a desplazarse del ser a la cabeza. Entonces la cabeza se convierte en amo. Y la cabeza es hermosa como sirviente, pero como amo es muy fea. Mi intención es deshacer lo que la sociedad te ha hecho. Pero no es tan difícil como el trabajo de la sociedad; no tarda 25 años. Puede suceder en un solo instante. Sólo requiere un entendimiento impecable.

Cuando entiendas lo que la sociedad te ha hecho, inmediatamente podrás abrir tu corazón y la energía empezará a fluir a través de él, porque es el camino natural. Así es como debería ser.

DÍA **184** No hay nada de malo contigo excepto que has creído en todo tipo de tontos; no has escuchado a tu propio corazón. Has escuchado a todo tipo de gente que no sabe nada. Deshazte de todo el conocimiento prestado. Olvida todas las historias estúpidas del pecado original y olvida todo lo relacionado con ser un pecador. Todos somos parte de la existencia, una parte intrínseca. Todos somos divinos. Sí, unos cuantos divinos se quedan dormidos pronto, es su decisión. Y poca gente está despierta, es su decisión. No tiene nada de malo estar dormido, sólo tendrás que padecer unas cuantas pesadillas. Pero no hay mucho más por qué preocuparse, pues esas pesadillas son sólo imaginarias. Tarde o temprano te despertarás. Y si lo estás disfrutando, ¡disfrútalo! Nadie más tiene por qué interferir.

Así que yo no interfiero en tu sueño. Yo sigo en lo mío y te dejo dormir. No puedo evitar hacer lo mío, así que yo seguiré hablando y tú sigue durmiendo. Espero que un día escuches. Algo podrá entrar en tu sueño; algo podrá tocarte, algún día, en algún momento, y quizá despiertes.

Me encantaría que despertaras, pero si decides no hacerlo, no te condenarás ni irás al infierno. Ya sufres suficiente estando dormido, no hay necesidad de hacerte sufrir más en el infierno. Ésa es la única diferencia entre los budas y la gente ordinaria; en lo demás, son parecidos. Parecidos en el sentido de que todos tienen el mismo potencial de despertar, no parecidos en el sentido de ser similares: son únicos.

DÍA **185** El hombre, por lo general, junta polvo a su alrededor y pierde el brillo que es su derecho de nacimiento. Todo mundo nace brillante y todo mundo se vuelve mediocre. Para el momento de la muerte, uno es casi estúpido. Es un fenómeno extraño. Y la gente lo llama evolución; es involución.

Los niños son más brillantes, más vivos, más claros con respecto a todo, sin ninguna confusión. Conforme empiezan a crecer, empiezan a reunir confusión de todas partes. Esperamos a que tengan 21 años y entonces les damos el derecho a votar porque para ese entonces todos han perdido la brillantez, todos son tontos, estúpidos. Entonces, te llaman adulto. En verdad estás adulterado, completamente adulterado. Pero la gente dice: «Te has convertido en adulto, ya tienes edad». Ciertamente, a los políticos les da miedo darles derecho a voto a los niños porque ellos les descubrirán todo. Los derechos electorales sólo se te pueden conferir cuando has perdido toda la capacidad de ver, cuando eres totalmente ciego.

Mi intención es ayudarte a deshacerte del óxido, del polvo; a limpiar tu espejo, para que puedas volver a ver tu rostro original.

DÍA **186** Toda la estructura de la sociedad está en contra del corazón; entrena la cabeza, disciplina la cabeza y educa la cabeza. Descuida e ignora al corazón porque es un fenómeno peligroso. La cabeza es una máquina.

Las máquinas nunca son rebeldes, no pueden serlo. Sólo siguen órdenes. Las máquinas son buenas en ese sentido: son obedientes, por lo tanto, el Estado, la Iglesia, los padres, todo mundo está interesado en la cabeza. Les conviene a todos. El corazón crea inconvenientes para el *statu quo,* para el orden establecido, para los intereses creados. La cabeza funciona mediante la lógica. La pueden convencer para ciertos propósitos; se puede discutir con ella, la pueden persuadir, condicionar. La pueden volver cristiana, hindú, mahometana, comunista, fascista, socialista. Se puede hacer todo con la cabeza. Y con cualquier cosa que alimentes la cabeza, ella sigue repitiéndolo. No puede sacar nada nuevo, nunca es original.

El corazón vive mediante el amor, y el amor no se puede condicionar. Es esencialmente rebelión: uno nunca sabe a dónde te llevará el amor. Es impredecible, espontáneo; nunca repite lo viejo, siempre responde al momento presente. El corazón vive en el presente, la cabeza vive en el pasado; por lo tanto, la cabeza siempre es tradicional, convencional, y el corazón siempre es revolucionario, rebelde. Pero tú sólo puedes vencer por medio del corazón, del amor, no de la lógica.

DÍA **187** Toda la historia de la humanidad empieza con el Jardín del Edén: el hombre fue expulsado del jardín y desde entonces ha estado vagando en un desierto. De alguna forma recuerda la gloria del jardín, aquellos días, aquellos días eternos antes de que lo expulsaran.

La historia bíblica no es sólo un cuento, contiene una gran verdad. Todo hombre siente que le falta algo, que no está donde debería estar. Quizá no tenga claro lo que le falta, pero tiene una vaga sensación de que algo está mal: «Estoy en el lugar equivocado, en la situación equivocada. No debería ser así. Algo está mal». El hombre fue expulsado del jardín de Dios. La razón de su expulsión fue que intentó ser conocedor, comió la fruta del árbol del conocimiento. Cuando uno empieza a conocer, pierde contacto con su corazón, y el corazón es el verdadero jardín. Lo cargamos dentro de nosotros. En realidad, no nos expulsaron. Simplemente lo hemos olvidado, lo hemos ignorado. Nos hemos obsesionado con la cabeza, nos hemos apegado mucho al conocimiento. En lugar de crecer en el ser, de florecer en el ser, simplemente estamos coleccionando información, información completamente fútil.

Te podrá ayudar a ser egoísta, pero no te puede ayudar a ser dichoso. La dicha no tiene nada que ver con la cabeza, no es una función de la cabeza. La dicha es el florecimiento del corazón. El corazón es el Jardín del Edén, el paraíso, el *firdaus.* Y toda mi intención aquí es ayudarte de cierta forma a entrar de nuevo al jardín. Incluso aunque tengas que entrar de contrabando, no importa, no me preocupa que entres ni siquiera por la puerta trasera... Cuando hayas llegado al jardín, cuando lo hayas probado de nuevo, estarás transformado.

DÍA **188** El hombre puede tener conocimiento, pero no sabiduría. El conocimiento es fácil, sólo se necesita un poco de esfuerzo de la mente, un poco de ejercicio. Puedes seguir alimentando tu sistema de memoria. Es una computadora: podrás acumular bibliotecas enteras. Pero la sabiduría no es algo que puedas acumular, porque no se da con la mente. Se da con el corazón, mediante el amor, no mediante la lógica.

Cuando se abre el corazón con amor, con confianza, cuando el corazón se rinde al todo, entonces surge en ti un nuevo tipo de entendimiento: una claridad, una comprensión inmensamente profunda de lo que se trata la vida, de quién eres, de por qué todo existe. Se revelan todos los secretos, pero mediante el amor, no la lógica, mediante el corazón, no la cabeza. La existencia tiene una conexión directa con el corazón, no tiene ninguna conexión con la cabeza.

Así que, si uno quiere acercarse a la existencia, el camino es a través del corazón. Una vez que conozcas la sabiduría a través del corazón, podrás usar tu mente como buen sirviente, podrás incluso usar el conocimiento acumulado por la mente a servicio de la sabiduría, pero no antes de que conozcas a través del corazón.

DÍA **189** La humanidad sabe más de lo que ha sabido nunca: el conocimiento se sigue acumulando. De hecho, tú sabes más que Jesús. Si conocieras a Jesús, le podrías enseñar muchas cosas. No sabrá mil y un cosas. No creo que sería capaz de pasar un examen de admisión al bachillerato, ¡imposible! Pero eso no significa que no sea un conocedor. Sabe, pero de una forma totalmente distinta. Su experiencia ha transformado su ser. No estará tan informado como tú, pero está transformado, y eso es lo que cuenta. La información no significa nada. Una computadora puede tener más información que tú, pero la computadora nunca se podrá convertir en un cristo ni en un buda. ¿O acaso crees que una computadora algún día podrá alcanzar la iluminación? Es imposible.

Una computadora puede saber todo lo posible, pero seguirá siendo una computadora y sólo repetirá lo que tiene en su memoria. Tampoco puede ser dichosa, ¿qué dicha puede tener una máquina? Tampoco puede ser amorosa, ¿cómo podría ser amorosa una máquina? Podrá decir: «Te quiero, te quiero mucho: estoy dispuesta a morir por ti». Podrá decir cosas hermosas, pero serán simples palabras. Le podrán enseñar a abrazarte y besarte, pero no habrá amor en absoluto. Y sabrás que es una tontería, una máquina besándote y abrazándote. ¡Voltearás hacia todos lados avergonzado!

Una máquina puede aprender esas cosas y las puede hacer de manera muy eficiente. Pero millones de personas están haciendo precisamente eso: funcionan como máquinas, como computadoras. Repiten clichés —cristianos, hindúes, mahometanos— palabras hermosas, pero todas muertas.

Conmigo no es cuestión de estar más informado. No soy profesor, no estoy aquí para enseñarte nada. Al contrario, estoy aquí para ayudarte a desaprender, no a aprender, sino a desaprender, para que puedas liberarte de la carga y empezar a ver por ti mismo.

Cuando empieces a ver por ti mismo, tu vida dará un salto cualitativo hacia una nueva dimensión: la dimensión de la eternidad, la dimensión de la divinidad, de la dicha, de la verdad, de la libertad.

DÍA **190** El conocimiento es algo muerto, el conocer está vivo y en flujo. De hecho, algún día en el futuro habremos desarrollado una lengua totalmente nueva porque todas nuestras lenguas antiguas serán obsoletas. Las desarrollaron pueblos diferentes, para usos distintos, en situaciones diversas. Todas esas situaciones han desaparecido, la lengua es la resaca.

Ahora sabemos tanto religiosa como científicamente que en la existencia nada es estático. Todo está en constante movimiento. Se cree que Eddington dijo: «La palabra *reposo* es un total sinsentido, porque yo nunca me he cruzado con algo así en la existencia. Nada nunca está en estado de reposo. Todo está cambiando, moviéndose, es una existencia dinámica».

Así que en lugar de decir *conocimiento*, yo digo *conocer*, en lugar de decir *amor*, yo prefiero *amar*. Pero nos hemos acostumbrado tanto a los sustantivos que incluso decimos que un río es un río; pero simplemente está *riando*. Nunca es el mismo, ni siquiera dos instantes consecutivos. Llamamos árboles a los árboles; simplemente *arbolan*, crecen a cada instante: algunas hojas viejas se caen, otras nuevas crecen. Excepto el cambio, nada es permanente en la existencia.

DÍA **191** A partir de este momento, piensa en la consciencia como una cuestión de vida o muerte. De hecho es una cuestión de vida o muerte. Sin consciencia, simplemente estás muriendo todos los días; con consciencia empiezas a vivir por primera vez y la vida sigue creciendo y creciendo, ampliándose y ampliándose.

Y un día es tan abundante que no sólo *tú* estás vivo, cualquiera que se te acerque también se avivará. Empiezas a transmitir cierta magia a los demás, empiezas a desbordarte de vida, de amor, de luz. Y ése es el estado de un buda, de un cristo, de un hombre sabio, de una mujer sabia.

DÍA **192** La mente es incapaz de conocer la verdad. Podrá reunir todo tipo de información *sobre* la verdad, pero saber sobre la verdad no es conocer la verdad. Saber *sobre* el amor no es conocer el amor; para conocer el amor uno necesita ser amante. Ninguna información servirá de nada; uno tiene que entrar en la experiencia misma. Y lo mismo pasa con la verdad. Podrás conocer a todos los grandes filósofos del mundo, podrás acumular grandes palabras, teorías, hipótesis, y podrás llegar a ciertas conclusiones arbitrarias por ti mismo. Pero recuerda: son arbitrarias porque no están basadas en tu experiencia. Así que cualquier cosa que sepas obstaculizará tu búsqueda.

Ése es el mayor peligro del conocimiento: puede darte una falsa noción de que sabes. Y una vez que la equivocada idea de que sabes entra en ti, entonces la búsqueda cesa. Uno tiene que saber que no sabe. Uno tiene que dejar de lado toda información a favor y en contra de lo teísta, cristiano, hindú, mahometano, religioso, filosófico. Uno tiene que dejar de lado todo tipo de conocimiento, incluso el conocimiento como tal: entonces comienza la búsqueda. Entonces uno se vuelve un verdadero buscador de la verdad, porque entonces uno está abierto. A partir de ese estado de no saber, un día sucede la gran bendición de experimentar la verdad, de vivirla. Te conviertes en ella. Ése es el estado llamado iluminación, nirvana. En Occidente, lo han llamado el estado de consciencia de cristo; en Oriente lo hemos llamado el estado de consciencia de buda, pero es lo mismo.

DÍA **193** Uno tiene que ser tan inocente como un niño; entonces, y sólo entonces, las puertas se abren. Las puertas de lo divino permanecen cerradas para los conocedores; las puertas están completamente cerradas para los eruditos, estudiosos, sacerdotes. Ellos ya saben, no necesitan nada más. Han reprimido su ignorancia acumulando todo el conocimiento prestado. Han perdido la capacidad de asombro, lo más esencial de la existencia.

El niño tiene una inmensa capacidad de asombro. Su corazón siente continuamente lo misterioso, lo milagroso. Sus ojos están llenos de admiración para las cosas pequeñas: los guijarros a la orilla del mar, las conchas marinas... Siguen acumulándolas como si hubieran encontrado diamantes. Y lo intrigan mucho esas pequeñeces, una mariposa, una simple flor, una flor ordinaria, y queda encantado, casi hipnotizado.

Son cualidades que te ayudan a abrirte a la divinidad, a la dicha, a la verdad, al misterio de la existencia.

DÍA **194** Un discípulo es aquél que funciona a través de un estado de no conocimiento. Todo lo que sabe es sólo hipotético, y siempre está listo para cambiarlo, no es un fanático. Ama tanto la verdad que no puede decidir nada sobre ella de forma apresurada. Su amor es tan grande que no tiene prisa. Sabe que la verdad es vasta: «¿Cómo podría decidirme? En el mejor de los casos, podría decir que siento todo esto: quizá, a lo mejor, esto sea lo correcto».

Uno de los hombres más grandes que ha producido Oriente fue Mahavira. Solía empezar todas las frases con «Quizá...». Para sus discípulos se volvía casi molesto, irritante. Empezaba toda declaración con «Quizá...». Pero yo lo entiendo. Ésa es la persona no fanática. Si le preguntas: «¿Hay un Dios?», no dirá sí o no; dirá: «Quizá, quizá sí, quizá no». No te dará una conclusión. Te ayudará a investigar; te orillará a una búsqueda.

Ésa es la función del maestro: orillarte a una búsqueda. No te da conclusiones prefabricadas. Simplemente te vuelve consciente de las inmensas cuestiones de la vida, de los inmensos misterios de la existencia.

DÍA **195** El conocimiento prestado es falso, el conocimiento reunido en el exterior es falso. Esconde tu ignorancia, pero no te hace sabio. Cubre tus heridas, pero no sana. De cierta forma, es muy peligroso, porque uno tiende a olvidar sus heridas, y las heridas siguen creciendo por dentro; se pueden volver cancerígenas. Es mejor conocerlas. Es mejor abrirlas a los vientos, a las lluvias, al sol. Esconderlas es protegerlas, y son tus enemigas. Es mejor dejarlas expuestas, la naturaleza sana. Por lo tanto, el primer paso del conocimiento verdadero es saber: «No sé nada». Es exponer tu ignorancia. Y desde ese instante hay un giro, un gran cambio: uno empieza a ver hacia adentro.

El verdadero conocimiento tiene que suceder dentro de ti. No puede venir de los pensamientos. Tiene que venir por un espacio sin pensamiento en tu interior. No puede venir del estudio, viene de la meditación. Sólo llega cuando la mente se vuelve absolutamente inconforme, tan vacía y pura, impoluta, no contaminada, que tus propias fuentes internas empiezan a fluir, porque se han eliminado todos los obstáculos.

La fuente de donde puede fluir el manantial está ahí, pero hay muchas piedras en el camino. Se cree que esas piedras son conocimiento; no son conocimiento, son enemigas del conocimiento. Deja todo lo que has aprendido en el exterior, para que el interior pueda hablarte y conozcas el sabor del verdadero conocimiento, conocer. Y conocer de verdad libera.

DÍA **196** El cuerpo es pequeño, la mente es pequeña, pero el ser es vasto, tan vasto como el océano: de hecho, más vasto que cualquier océano, porque incluso el océano más grande tiene límites, y nuestro ser no tiene límites. Es infinito. Tiene tres cualidades, y la primera es la verdad. Cuando experimentas tu ser por primera vez, pruebas algo de la verdad. Antes de eso, sólo conocías teorías de la verdad. Eras como un hombre que sabe mucho de comida, pero no tiene ninguna experiencia probándola.

Es como un hombre que entiende todo sobre el agua, pero tiene sed: conoce la fórmula, H_2O, pero ella no saciará su sed. Entiende intelectualmente qué es el agua, de qué está hecha, pero nunca la ha visto. Nunca ha bebido agua; nunca ha probado su frescura, el contento que viene cuando se sacia la sed.

No hemos conocido la verdad, sólo hemos oído muchas teorías al respecto. Son puras hipótesis. Cuando entras en tu ser más allá del cuerpo, más allá de la mente, la primera probada es la verdad, la segunda es la consciencia. De lo contrario, la consciencia es sólo una palabra.

La gente se queda dormida rápido: no saben qué es la consciencia. No están conscientes en absoluto, son como robots, funcionan como máquinas. Y lo último, la tercera cosa es la dicha, *anand*, ésa es la cima.

Conforme vas más profundo en ti mismo, primero encuentras la verdad, luego encuentras la consciencia y, en el mero centro, encuentras la dicha.

DÍA **197** El científico dice que un solo sistema de memoria, una sola mente humana puede contener todas las bibliotecas del mundo; tiene esa enorme capacidad. Pero aunque uno contenga todas las bibliotecas del mundo, no será un buda. Seguirá siendo el mismo tonto, el mismo burro cargado con todas las escrituras. No transformarán su ser. Si uno quiere transformar su ser, tiene que trascender la palabra, tiene que trascender todas las teorías, ideologías, doctrinas, escrituras.

Termina con la información; ponle un punto final, porque sólo hace del hombre un loro; a esos loros los llamamos eruditos. Pero no te satisface, no te vuelve dichoso, amoroso, conocedor. Termina con toda la información. Eso significa terminar con la mente. Y terminar con la mente es el nacimiento de la meditación. El cese de la mente es el nacimiento de la meditación. Y cuando la meditación haya nacido, entonces los milagros empezarán a suceder y la vida empezará a dar tales saltos cualitativos que es increíble.

Uno empieza a volverse consciente de muchos misterios que lo rodean, que están ahí en gran abundancia. Pero estamos cerrados por culpa de nuestro conocimiento. Tenemos los ojos cerrados. Estamos ciegos por culpa del conocimiento. El conocimiento nos está dejando ciegos. Tenemos que ser tan inocentes como un niño; y cuando uno es inocente —limpio, completamente limpio como un espejo—, refleja la verdad. Y saber la verdad es convertirse en ella.

DÍA **198** Las sociedades, civilizaciones, religiones, nos educan de tal forma que adquirimos una identidad falsa. A todos nos engañan. Y la gente que nos engaña es muy poderosa; de hecho, su poder depende de sus engaños, y han engañado durante siglos. Han acumulado gran poder —los políticos, los sacerdotes— y les da miedo que todo mundo sepa la verdad. Todo su asunto depende de la gente crédula, dispuesta a que la engañen, muy dispuesta; de hecho, piden que los engañen, ansían que los engañen. Crean situaciones tales que despacio, despacio, el niño se da cuenta de que si quiere sobrevivir en este mundo, tiene que pactar. No está muy consciente —no puedes esperar tanta consciencia de un niño; ni siquiera la gente vieja está consciente— pero una vaga consciencia empieza a crecer en el niño: «Si soy veraz, estaré en conflicto constante». Si dice cualquier verdad, será inmediatamente castigado.

Todo niño llega al punto muchas veces, casi todos los días en que tiene que decidir que, si quiere sobrevivir tiene que mentir, tiene que pactar, se tiene que ajustar; si dice la verdad, entonces aterrizará innecesariamente en el conflicto. Y la gente que lo rodea es peligrosa; lo pueden torturar, lo pueden hacer sufrir. Casi todos los niños escogen la supervivencia, porque sobrevivir es una necesidad fundamental de la vida.

Para el momento en que eres lo suficientemente fuerte para ser veraz, habrás perdido el sentido de la verdad. Tus mentiras se habrán arraigado en ti, se habrán vuelto tan inconscientes, tan parte de tu sangre, huesos y tuétano que es casi imposible deshacerse de ellas. Lo que la sociedad te ha hecho se tiene que deshacer. Tienes que renacer, renacer realmente; tienes que empezar a aprender cosas desde lo básico, sólo entonces estarás consciente de que el ego es una entidad falsa que se te ha impuesto, que no eres una unidad separada, que eres parte del todo orgánico.

DÍA **199** Es un fenómeno simple, los niños aprenden de sus mayores; lo que sea que hagan los demás, los niños empiezan a hacerlo. Nuestros niños ven películas y televisión y crímenes y suicidios y robos, y todo tipo de cosas. Están aprendiendo. Ven violencia por doquier, violación, asesinato, y empiezan a repetir el patrón. Sus hijos aprenderán de ellos, se convierte en rutina; todos buscan fuera, aunque el tesoro esté adentro.

Jesús dijo una y otra vez: «El Reino de Dios está en su interior», pero incluso sus seguidores cercanos nunca lo entendieron. Incluso cuando llegó la última noche y Jesús iba a ser capturado, le preguntaban por el Reino de Dios en el cielo, ¡cuando toda su vida el pobre hombre dijo que el Reino de Dios estaba dentro de ti!

En la última conversación con los discípulos, éstos le preguntaron: «Sólo dinos una cosa, maestro: en el Reino de Dios, tú estarás sentado a la derecha de Dios, y de entre nosotros, tus 12 discípulos cercanos, ¿quién estará sentado a tu lado?».

Se ve la estupidez, la política, la cuestión de jerarquía. Y el pobre hombre dijo toda su vida: «Dichosos quienes no ansían ser los primeros, porque serán los primeros». Pero la gente sigue escuchando palabras, hermosas palabras; las aprecian pero no las entienden. Se nos ha escapado Buda, se nos ha escapado Jesús, se nos han escapado todos los grandes maestros, y es por eso que tenemos esta humanidad miserable.

DÍA **200** Todo mundo contiene una verdad en su ser. La verdad no tiene que inventarse, sólo tiene que descubrirse o, más bien, redescubrirse. Ya la poseemos, pero la hemos ignorado por completo. Simplemente nos hemos quedado dormidos y se nos ha olvidado quiénes somos. Lo único que necesitamos es recordar.

George Gurdjieff enseñaba a sus discípulos sólo un método, el de la autorremebranza. Buda lo llama la plenitud de consciencia correcta; Krishnamurti lo llama consciencia; Cristo lo llama vigilancia; Shankara lo llama atestiguamiento. Pero es el mismo fenómeno. Te tienes que volver más alerta, te tienes que volver más consciente. No falta nada, es sólo que estás soñando; sueñas que eres un mendigo, y no lo eres.

Una vez roto el sueño, una vez que despiertes, de pronto te darás cuenta de los sueños tan ridículos en los que has estado. El mayor tesoro es tuyo. La vida eterna es tuya. El Reino de Dios es tuyo. Lo más alto es tuyo. Y lo hemos traído con nosotros. ¡Nosotros somos ello! Así que no es cuestión de buscar en otro lado, es simplemente cuestión de poner todas tus energías en despertar.

DÍA **201** La verdad no necesita defensa. Es muy simple, es simplemente así. Y el hombre que vive en la verdad no se debe preocupar por lo que ha dicho, por lo que ha hecho. No debe recordar todo lo que ha dicho ni hecho. Los mentirosos tienen que estar calculando continuamente, observando. Puede decir algo que va en contra de otra cosa que dijo antes; puede hacer algo que deshaga algo más. Su vida se vuelve cada vez más complicada, más enredada. Se vuelve un acertijo, un problema; se vuelve un problema para sí mismo y para los demás. Y una vida problemática no puede conocer la dicha.

Sólo el simple, el inocente, conoce la dicha. Pero la forma de encontrarla es dejar la mente de lado y entrar en un estado de no-mente. Despacio, despacio, surgirán unos cuantos destellos, y entonces las brechas se empezarán a volver cada vez más grandes y los hermosos intervalos se volverán más vastos. Y luego, tarde o temprano surgirá un estado tal que aunque estés en el mercado haciendo las actividades ordinarias de la vida, tu silencio continuará como una corriente subterránea; seguirá fluyendo. Podrás oír su melodía, podrás sentir su belleza, podrás probar su dulzura.

La verdad trae muchos regalos, pero tienes que abrir la puerta de la meditación. Nadie te puede dar la verdad; la verdad ya te la dio la propia existencia. No es algo que se deba encontrar en ningún otro lado; ya es así, es tu estado. Sólo tienes que dar unos pasos hacia adentro.

DÍA **202** La historia bíblica de Daniel es muy hermosa. Si no te importa, la llamo una historia, no Historia, porque para mí las parábolas son mucho más significativas que la Historia. La Historia sólo registra hechos. Las parábolas registran verdades. Los hechos son ordinarios. Esto es una parábola; no puede ser histórica.

Daniel fue arrojado a los leones por negarse a rechazar su fe, pero salió ileso. Ahora bien, yo no creo que los leones sean tan religiosos ni tan vegetarianos. Incluso en otro tiempo eran la misma gente, quizá un poco peor…

Pero la parábola de que Daniel salió de la guarida de los leones ileso es hermosa. Sólo dice una cosa, que el amor por la verdad es mayor que la vida misma, que uno puede sacrificar su vida por la verdad, pero no viceversa. También dice que aunque el hombre haya evolucionado tanto, los instintos básicos siguen siendo los mismos. Todavía la gente de confianza sufrirá como Daniel, porque la sociedad vive de falsedades y no puede tolerar a un hombre de verdad. En segundo lugar, dice que el hombre de verdad no necesita tener miedo; nada puede dañarlo, ni siquiera los leones, porque el hombre de verdad sabe lo que es eterno en él, indestructible. Ni siquiera la muerte puede quitárselo.

Mi propio sentimiento es que si es un hecho histórico real que arrojaron a Daniel a los leones, lo deben de haber matado, pero no dañado. Debe de haber muerto dichosamente, gozosamente, con éxtasis, porque moría por la verdad. Vivir por mentiras no vale la pena; morir por la verdad es una de las mayores bendiciones en la vida.

DÍA **203** La verdad no se puede comprar. No hay forma de obtenerla de otros, es intransferible. Cada quien tiene que descubrirla por sí mismo. Ninguna moneda puede comprarla, ningún poder, pero si uno entra en sí mismo, la encuentra. De hecho, ya está dada, no hay necesidad de comprarla.

La ironía es que todos la han comprado. Algunos la compraron en el mercado cristiano, otros en el mercado hindú, otros en el judío, otros en la Gita o en la Biblia o en el Corán. Pero recuerda, todo lo que le hayas comprado a alguien más es sólo algo *sobre* la verdad, no es la verdad. Habrás comprado sólo palabras, vacías, sin contenido.

La verdad sólo es verdad cuando es tu propia experiencia. Jesús no la puede dar, Buda no la puede dar, yo no te la puedo dar. Nadie te la puede dar por la sencilla razón de que ya la tienes. Y lo único que se necesita es una búsqueda interior, una penetración interior al centro de tu ser, y la encontrarás.

Es bueno que no sea una mercancía. Es bueno que nadie te la pueda dar; de lo contrario, no valdría la pena. La gente la heredaría de sus padres, la pondría en su testamento: «La mitad de mi verdad a mi esposa y la mitad a mi novia y luego debe dividirse en partes iguales entre mis hijos…». Sería algo extraño.

No es un objeto, y es bueno que no lo sea. Hay una experiencia en la vida que es absolutamente individual. Por eso la verdad es incluso más alta que el amor, porque el amor puede compartirse con el otro, pero la verdad no se puede compartir ni siquiera con el amado. Es completamente individual; la conoces en soledad absoluta.

DÍA **204** Yo no te enseño a creer o a no creer; yo te enseño a buscar, y la búsqueda siempre es científica. Confío en la búsqueda porque sé que, si buscas realmente, encontrarás a Dios; no hay necesidad de creer. Cuando sé que el cielo está lleno de estrellas, ¿por qué te diría que creas? Te invito a salir de tu habitación y verlo por ti mismo; confío en mi experiencia, por lo tanto, puedo confiar en tu búsqueda.

Son los sacerdotes los que no han conocido a Dios,

los que no han conocido la noche estrellada de afuera, los que nunca se han parado fuera de sus mentes, los que temen a la búsqueda. Le tienen miedo porque ellos mismos sospechan, ellos mismos tienen dudas, reprimidas, pero merodeando en algún lugar. Reprimen sus dudas, pero en momentos de debilidad éstas empiezan a surgir. Por lo tanto, quieren que el resto del mundo crea. Les da miedo cuestionar, les da miedo preguntar cualquier cosa.

Preguntar les parece que es desobediencia, las preguntas les parecen irreligiosas: simplemente debes creer lo que digan... Es porque ellos mismos no han experimentado.

Dios es, la verdad es, el Tao es, no se necesita creer en absoluto. Sólo abre las puertas y ventanas y deja que el viento y la lluvia y el sol entren, y te darán un destello del mundo exterior, de la existencia inmensamente hermosa. Serán invitaciones de lo más alto. Entonces ve y explora con gozo, con emoción.

DÍA **205** La verdad siempre está ahí, nos rodea, pero estamos tan perturbados en el interior que no podemos reflejarla. La luna llena está ahí, las estrellas están ahí, pero el lago está tan turbado, hay tantas olas que no puede reflejar la luna llena. No puede regocijarse en la luna llena, no puede regocijarse en las estrellas. Sigue siendo ciego ante el cielo que está justo ahí. Lo único que se necesita es que el lago se vuelva un poco silencioso.

Toda mi intención aquí es ayudarte a hacer que tu consciencia sea un lago silencioso. Y es posible. Si me puede pasar a mí, te puede pasar a ti. Yo no presumo de extraordinariedad. Las religiones le han hecho un gran daño a la humanidad presumiendo lo extraordinario de sus fundadores, porque si Jesús es el hijo de Dios, entonces por supuesto que puede ser silencioso. Pero somos seres humanos ordinarios; ¿cómo podríamos alcanzar esa altura? Ése es su privilegio especial. Lo único que podemos hacer es adorarlo. Podemos ser cristianos, pero no cristos. Ésa es la conclusión de toda la historia humana.

Krishna es la encarnación de Dios, así que quizá a él le sea posible ser una no-mente. Pero, ¿cómo podemos hacerlo? Somos simples mortales ordinarios, no somos encarnaciones de Dios. Esas ideas tontas de que el fundador es especial han sido promulgadas por todas las religiones, propagadas por todas las teologías. Una vez que vuelves especial al fundador de una religión, se vuelve absolutamente inútil y se desconecta de la humanidad.

Yo soy una persona bastante ordinaria, como tú: no soy hijo de Dios ni encarnación de Dios, ésas son puras tonterías. Yo sólo sé una cosa: que si me ha sucedido a mí, te puede suceder a ti. Le puede suceder a cualquiera. Sólo basta un poco de esfuerzo, nada más; ningún privilegio especial de nacimiento, sólo un poco de esfuerzo, un poco de la inteligencia que se le dio a todo mundo. Y cuando alcances tu silencio interior, sucederá un cambio radical.

DÍA **206** Lo único que hay que recordar es que el conocimiento no consiste en acumular información. No consiste en aprender de otros; al contrario, consiste en un proceso de desaprendizaje. Uno se vuelve realmente un conocedor cuando se vuelve tan inocente como un niño:

cuando el espejo de la consciencia está absolutamente vacío, cuando el lago de la consciencia no tiene olas, ni siquiera ondas. Entonces todo el cielo, toda la existencia se refleja en ti en toda su gloria, en toda su belleza, en toda su grandeza.

Y esa experiencia es Dios. Vacíate, quédate quieto. De hecho, no seas. Sé sólo la nada, para que el todo pueda descender en ti, para que tu consciencia pueda reflejar el todo. Esa experiencia es la única experiencia religiosa, la única experiencia mística. Te da certeza sobre Dios, no una creencia, sino certeza absoluta. Te da claridad absoluta. La divinidad se vuelve tu propia experiencia. No es que Jesús lo diga o Buda lo diga o yo lo diga, sino que tú lo sabes. La experiencia penetra en tus entrañas, se vuelve parte de tu ser. Sólo entonces la meta se alcanza y la vida se satisface.

DÍA **207** Si uno está listo para convertirse en donnadie, entonces se convertirá en el más grande. Sé nada y lo serás todo; sé nada y lograrás una extraordinariedad inmensa. Sólo vacíate y conocerás lo más grande en ti, lo más alto en ti.

Pero recuerda: no seas nada y te volverás el más grande, de lo contrario no podrás ser nada. Ser nada no debe usarse como un medio para convertirse en el más grande. La grandeza es un resultado; no es la meta, no es el fin. Es como la fragancia. La flor es el fin, el florecimiento de tu consciencia lo es todo, y de pronto hay fragancia. Si buscas la fragancia, perderás la flor, y sin la flor no hay fragancia. Si buscas la flor, la fragancia vendrá por añadidura.

DÍA **208** Mi definición de un logro real es aquello que la muerte no pueda quitarte. Cualquier cosa que la muerte te pueda quitar no es un logro real, sino sólo un pseudologro, juguetes para entretenerse. Conviértete en donnadie desde este instante y disfruta de esa calidad de donnadie y la libertad que aporta. ¡Vuélvete anónimo y ve el gozo! No hay preocupación ni ansiedad. Porque no hay ego, y no te lastimas. Nada puede lastimarte. Alguien podrá insultarte y podrás estar ahí parado viéndolo y disfrutándolo porque no hay nadie dentro de ti que se lastime, no hay nadie que pueda salir herido. Puedes disfrutar y reír.

Cuando el hombre puede disfrutar y reír cuando lo están insultando, ya habrá alcanzado algo, se habrá vuelto parte de la eternidad. Habrá entrado al mundo de los inmortales.

DÍA **209** Si tienes ojos para ver, quedarás sorprendido: ni siquiera un mendigo es sólo un mendigo, también es un ser humano. Ha experimentado el amor, la ira, ha experimentado mil y un cosas por las que incluso los emperadores pueden estar celosos. Vale la pena leer su vida, observarla, entenderla, porque su vida también es una posibilidad para la tuya.

Cada persona vive una posibilidad, transformar una simple posibilidad en acto. Y todas esas posibilidades son también tuyas. Puedes ser un Adolf Hitler y puedes ser un Jesucristo, ambas puertas están abiertas. Uno ha entrado por una puerta, el otro por otra; ambas puertas están abiertas para ti. Por lo tanto, a mí me han interesado tanto Gautama Buda como Adolf Hitler. Me ha interesado Jesús, pero también me ha interesado Judas, porque cada ser humano es mi posibilidad.

Uno tiene que entenderlo, entonces todo el universo se vuelve una universidad. Eso es exactamente lo que significa *universidad*: viene de la palabra *universo*. Entonces todas las situaciones se vuelven situaciones de aprendizaje y todos los retos se vuelven retos de crecimiento. Así que despacio, despacio, uno se crea a sí mismo.

Nacimos sólo como oportunidades, entonces todo depende de nosotros, en qué nos vamos a convertir, cuál será el resultado final de todo.

DÍA **210** Todos en todo el mundo se consideran amorosos, pero el mundo se está convirtiendo en un manicomio. La gente debería de ser dichosa: si hay tanto amor en el mundo, todo mundo debería estar floreciendo. Nadie parece estar floreciendo.

Falta algo muy básico. Mi intención aquí es ayudarte a volverte consciente de todas tus pretensiones. Cuando estés consciente, las podrás dejar de lado. Las puedes dejar de lado muy fácilmente, todo radica en volverse consciente de ellas. Han entrado muy profundo; sus raíces han alcanzado tus huesos, tu mero tuétano. Así que uno tiene que estar muy alerta, muy al pendiente, para encontrar esas raíces. Una vez que hayas encontrado todas las raíces de tu amor falso, podrás desarraigarlo. Puedes desarraigar toda la hierba mala y volverás a ser un niño y empezarás la vida de nuevo desde el principio de la inocencia. Entonces habrá espontaneidad, naturalidad.

DÍA **211** El amor es la estrella más brillante en el cielo interior de tu ser.

Las estrellas exteriores no son nada comparadas con ella.

Una vez sucedió que una mujer mística sufí, Rabia al Adawiyya estaba sentada en su habitación, meditando con los ojos cerrados. Un amigo, otro místico, Hasan, se estaba quedando con ella. Él salió, era una mañana hermosa: el amanecer era hermoso, colorido; los pájaros cantaban; las flores se estaban abriendo y el aire era fragante. Llamó: «Rabia, ¿qué haces ahí, sentada en tu habitación con los ojos cerrados? ¡Sal, Dios ha creado una mañana hermosa! Sal y ve su bella creación».

Rabia se rio y dijo: «Hasan, sé que, puesto que tú lo dices, debe ser verdad. Pero yo estoy viendo la divinidad misma en mi interior. Así que en lugar de llamarme afuera, ¿por qué no entras tú?». Hasan se sintió avergonzado. Entró, cayó a los pies de Rabia y dijo: «Perdóname. Nunca he conocido el interior. He perdido mi vida entera viendo el exterior».

El exterior es hermoso, pero no es nada comparado con el interior. Y en el mundo interior, el amor es la estrella más brillante, el sol. Es la propia alma de tu mundo interior, la propia fuente, ve y encuéntrala. Y cuando la hayas encontrado, compártela, celébrala.

DÍA **212** Si olvidas lo que significa ser luz, olvidarás lo que significa ser encantador, porque son dos aspectos del mismo fenómeno. Ser luz es un requisito básico para que suceda el encanto.

El encanto sucede sólo en estados de luz. No tomes la vida como un problema, no es un problema en absoluto. Es un misterio que debe vivirse, no que deba resolverse: disfrutarse, bailarse, amarse, cantarse, pero no resolverse. No es un acertijo que sea un reto a resolver. Es un reto que explorar, con asombro, con admiración, como un niño pequeño.

DÍA **213** Nadie es imperfecto; por lo tanto, nadie necesita ser perfecto. Lo único que se necesita es vivir la vida plenamente. La perfección ya está ahí. Venimos de lo perfecto; por lo tanto, no podemos ser imperfectos. Nacimos de lo más alto, somos olas en el océano de Dios. Así que cualquiera que sea la cualidad de Dios es la cualidad de las olas.

Si Dios es perfecto, nosotros somos perfectos. Así que la mera idea de volverse perfecto es absurda. No hay necesidad de volverse perfecto, todo mundo ya es perfecto. Pero no vivimos esa perfección en su totalidad, vivimos al mínimo. No usamos nuestro potencial, sólo usamos una pequeña parte; los científicos dicen que no más de 7%. En tanto que 93% de potencial se pierde. Y ya estaba ahí, disponible para que lo usáramos. Tenemos todo el dinero que necesitamos, pero vivimos como mendigos por la sencilla razón de que hemos olvidado por completo el tesoro. La función de la meditación es recordarlo, descubrirlo. Y la única forma de descubrirlo, la única forma de recordarlo es vivir más plenamente, más intensamente, más apasionadamente, para que cada vez más potencia se transforme en acto. Cuando vives a 100% estás usando realmente la gran oportunidad que Dios te ha dado. Y sólo a 100% sucede la transformación, nunca antes.

Así que mi intención es hacer que ames la vida lo más intensamente posible, vive cada momento tan plenamente como sea posible, y despacio, despacio, algo se empieza a desplegar en ti y empiezas a descubrirte a ti mismo. Entre más retos te des, más descubrirás.

DÍA **214** Tienes que vivir en el mundo, pero tienes que pensar en éste como si fuera una gran obra de teatro. Yo estoy en contra de renunciar al mundo. No te tienes que escapar del mundo; tienes que vivir en él, pero de una forma totalmente diferente. No te lo tomes en serio, tómatelo muy a la ligera, tómatelo como una broma cósmica. *Es* una broma cósmica.

DÍA **215** Estoy proponiendo un enfoque totalmente diferente de la religión. La religión tiene que afirmar la vida. Tiene que realzar tu vida, tiene que volverla más hermosa; tiene que ser creativa, no escapista. No tiene que entorpecer tus sentidos, sino hacerlos más sensibles.

Para mí no hay otro Dios que la vida misma, y no hay otro templo más que la existencia misma. Entonces todo se vuelve una celebración divina. Y cuando digo todo, me refiero a todo: la vida es celebración, la muerte es celebración; un encuentro es celebración, la partida es celebración; la infancia es celebración, la juventud es celebración, la vejez es celebración; son diferentes tipos de celebración.

DÍA **216** El amor es la fuerza que más sana en el mundo. Nada llega más profundo que el amor: no sólo sana el cuerpo, no sólo sana la mente, también sana el alma. Si uno puede amar, entonces todas las heridas desaparecen. Entonces uno se vuelve completo, y estar completo es ser sagrado. A menos de que uno sea completo, no es sagrado. La salud física es un fenómeno superficial; puede suceder a través de la medicina, de la ciencia. Pero el centro más profundo del ser sólo puede sanarse mediante el amor.

Aquéllos que conocen el secreto del amor conocen el secreto de la vida. Entonces no hay miseria para ellos, ni vejez, ni muerte. Por supuesto que el cuerpo envejecerá y el cuerpo morirá, pero el amor te revela la verdad de que no eres el cuerpo, eres pura consciencia; no tienes ni nacimiento ni muerte. Y vivir en esa consciencia pura es vivir en sintonía con la existencia. La dicha es un derivado de vivir en sintonía con la existencia.

DÍA **217** Hago énfasis en el amor porque si hay amor, todo lo demás sucede. No hay duda al respecto. Una persona amorosa no puede evitar encontrarse con la divinidad por mucho tiempo. Incluso aunque quiera escaparse de ella, no puede; pues encontrará la divinidad, es inevitable.

DÍA **218** El que ama es amado por la existencia entera. La existencia sólo hace eco desde todas las direcciones, desde todas las dimensiones. Si cantamos una hermosa canción, la canción regresa mil veces más hermosa, nos baña de regreso. Todo lo que demos se nos da de vuelta.

La gente es miserable por la sencilla razón de que da miseria a los demás, da dolor a los demás. Ésa es toda la filosofía del karma. Es un hecho muy simple de la vida.

Cosechamos lo que sembramos. Y por supuesto que si siembras una sola semilla, cosecharás miles de semillas. La existencia no es avara, da en abundancia, pero sólo puede dar cuando tú ya diste, multiplica lo que das, así que todo depende básicamente de ti. Si quieres dicha, baña de dicha a todos, a todo. Si quieres amor, ama. Si quieres cualquier cosa, no basta con querer, hazlo, materialízalo, y pronto quedarás sorprendido: lo que sea que hayas dado siempre regresará a ti, multiplicado mil veces, no menos que eso.

DÍA **219** Sólo obtienes lo que tienes, porque lo que tienes se vuelve una fuerza magnética; atrae lo similar. Es como si un borracho llegara a una ciudad: pronto encontrará a otros borrachos. Si un jugador llega a la ciudad, pronto conocerá a otros jugadores. Si un ladrón llega a una ciudad, encontrará a otros ladrones. Si un buscador de verdad llega a la ciudad, encontrará a otros buscadores.

Cualquier cosa que creemos dentro de nosotros mismos se vuelve un centro magnético, crea cierto campo de energía. Y en ese campo las cosas empiezan a suceder. Así que si uno quiere las bendiciones de la existencia, uno debe crear la dicha de que sea capaz; uno debe dar su máximo y entonces una dicha multiplicada por mil será suya. Entre más tengas, más llegará. Una vez entendido el secreto, uno se va volviendo cada vez más rico internamente. El gozo es cada vez más profundo. Y no hay fin para el éxtasis, uno sólo tiene que empezar en la dirección correcta.

DÍA **220** La meditación te enseñará dos cosas: medita en lo que respecta a tu mundo interior, y ama en lo que respecta a la existencia. La meditación tiene que ser tu centro; la consciencia, una vigilancia silenciosa, y el amor tiene que ser tu circunferencia, un calor sin razón alguna, porque la calidez es muy hermosa. La calidez es encantadora.

En el centro, sé meditativo, en la circunferencia, sé amoroso, y verás cambiar toda la existencia. Es la misma existencia; de hecho, *tú* estás cambiando, pero inmediatamente, conforme cambias, toda la existencia cambia contigo.

DÍA **221** El hombre puede vivir de dos maneras: puede vivir parcialmente, fragmentariamente, o puede vivir totalmente. Por lo general, la gente vive de forma parcial, a medias, de manera tibia. No saben qué es la intensidad, no saben qué es vivir apasionadamente. Nunca se involucran en nada. Sólo llegan hasta cierto punto, nunca con todo el corazón hasta el final. Son muy astutos y maliciosos para hacerlo, demasiado calculadores para arriesgar tanto. Pero a menos de que lo arriesgues todo, no serás capaz de conocer la belleza de la vida. Uno tiene que estar involucrado, comprometido, sólo entonces la vida revelará sus secretos.

Sé total en todo lo que hagas. Cada acto tiene que volverse una oportunidad para ser total. Ésa es toda mi enseñanza, en resumidas cuentas.

DÍA **222** La paz es divina, es el regalo de Dios. Y Dios es muy justo: si entras a la meditación de todo corazón, sinceramente, serás recompensado. No hay duda, siempre ha sido así. Pero se tiene que recordar una cosa: la paz es el regalo de Dios. No podemos hacer nada al respecto directamente, pero podemos crear la situación correcta en la que descienda de más arriba.

Es como las flores: no puedes hacer nada directamente con respecto a ellas, pero puedes preparar el suelo, sembrar las semillas, ayudar a la planta a crecer y esperar. En la estación correcta, en el momento correcto, las flores saldrán; tu esfuerzo será recompensado. Pero no puedes sacar flores de una semilla ni tampoco puedes sacar flores de un árbol: tienes que permitirles suceder. Salen de una fuente desconocida, de una fuente misteriosa, pero siempre salen. Uno tiene que ser lo suficientemente paciente. Uno simplemente tiene que hacer su trabajo y confiar en que cuando llegue el momento, las flores saldrán. Siempre han salido. Fueron a Jesús, a Buda, a Mahoma; irán hacia ti también. Dios no tiene favoritos, no está ni a favor ni en contra de nadie. Dios sólo significa la última ley de la naturaleza.

Tú sólo cumple tu tarea y la naturaleza responderá de inmediato.

DÍA **223** Uno debe empezar por sentarse en silencio sin razón alguna, sin motivo, sólo por el puro gozo de sentarse en silencio, sólo respirando, siendo, escuchando a los pájaros u observando su aliento. Despacio, despacio, una nueva fragancia empieza a surgir en tu ser. Esa fragancia es la meditación, ese aplomo, esa calma, esa quietud. Viene del más allá como un regalo.

Y cuando uno está listo, siempre sucede, inevitablemente. La naturaleza nunca es injusta con nadie. Aquél que merece, obtiene lo que merezca, no importa lo que sea. Si la gente es miserable, lo merece, eso es lo que merece. No es culpa de nadie más; nadie más es responsable, se lo han ganado. Podrán haber olvidado cómo lo ganaron, podrán no estar conscientes de cómo llegaron a ese caos, pero eso es lo que han estado haciendo. Es el resultado de su propio trabajo. Si alguien es dichoso, simplemente significa que se lo merece. La naturaleza siempre te da lo que has llegado a merecer, para lo que estás listo y preparado, y para lo que eres receptivo.

DÍA **224** La paciencia es una cualidad fundamental del buscador. La impaciencia es una barrera en la búsqueda. No puedes tener prisa mientras se trate de Dios, porque Dios vive en la eternidad, y la prisa significa que estás contando los minutos, los segundos y las horas. Eso no sirve. Si quieres conocer la divinidad, si quieres saber la verdad, tienes que conocer el camino de la eternidad. Por eso se necesita la paciencia. Olvida el tiempo, no tengas prisa, no seas impaciente.

Espera. Espera con amor y gran esperanza, pero sin expectativa, lleno de gozo de que el invitado pueda llegar en cualquier momento. Pero no te frustres si no ha llegado. Ten todo listo para recibirlo. Sigue con los preparativos. Si no ha llegado, simplemente significa que todavía no estás listo. Así que no hay nada por qué frustrarse. Sólo mira alrededor, prepara y prepara y prepara. Cuando los preparativos sean perfectos, tu silencio sea perfecto, tu vacuidad sea perfecta, él llegará, ¡llegará de inmediato!

DÍA **225** El mundo es un gran reto si aprendes el arte de ser silencioso entre todas las distracciones. Sólo entonces, si tu silencio es verdadero, auténtico, vivo, la divinidad podrá ir hacia ti. La divinidad es vida. Una paz muerta es absolutamente inútil. Así que quédate en el mundo, pero no seas del mundo. Vive en el mundo, pero no dejes que el mundo entre en ti. Muévete, pasa por el mundo, pero permanece impávido. Es posible. Es el milagro más grande, pero es posible. Y cuando se vuelve posible, uno sabe por primera vez lo que es el éxtasis.

DÍA **226** Un verdadero hombre de paz tendrá que atravesar una transformación interior, sólo entonces el sueño se convertirá en realidad. La meditación es la alquimia de transformar tus energías agresivas en energías pacíficas. Transforma tu violencia en amor. No son distintas, es la misma energía.

Y recuerda siempre: la energía es neutral, no es ni buena ni mala. La energía usada fuera de la meditación se vuelve peligrosa. Es una espada en manos de un niño: o se daña a sí mismo o daña a alguien más. Si no hay daño, simplemente será un accidente. Si hay daño, no es un accidente en absoluto; iba a suceder, era inevitable.

Tenemos energías, pero no somos adultos. Así, nuestra energía enloquece. La meditación es el proceso de crecer.

DÍA **227** La humanidad ha premiado considerablemente la dureza, sobre todo en el hombre: durante siglos, el hombre ha sido un cerdo machista. Ha premiado todo lo agresivo, cruel, violento, guerrero, y ha condenado todo lo femenino. Es por eso que ha surgido un gran problema. El problema es que todo lo bello es femenino, y si condenas lo femenino, la belleza desaparece del mundo. Hemos luchado duro para destruir lo bello. Lo feo ha dominado a lo bello; lo duro ha prevalecido sobre lo suave.

Lao Tsé dice: «No seas duro como una piedra, sino suave como el agua». Llama a su modo de vida «el curso del agua». Y dice: «Al final, lo suave le gana a lo duro, la piedra desaparecerá un día. Deja que el agua siga cayendo sobre ella y la piedra quedará reducida a arena». Por supuesto, en este momento no puedes verlo suceder. Tomará tiempo, pero la piedra no puede destruir al agua. Para ver esto, uno necesita un entendimiento un poco más profundo, una visión más extensa, una perspectiva más grande. Y tenemos las miras muy cortas. Vemos a poca distancia. Por esa estrechez de miras, parece que vale la pena elegir la piedra, no el agua. Aquéllos que han visto la realidad en su verdadera perspectiva de eternidad, dicen algo totalmente distinto: deja que la suavidad sea el regalo.

DÍA **228** La gentileza es una de las cualidades más divinas, porque el primer requisito para ser gentil es deshacerse del ego; el ego nunca es gentil. El ego siempre es agresivo, no puede ser gentil. Nunca es humilde, le es imposible ser humilde. Su proyecto entero se derrumba si se vuelve humilde. Y la gentileza es la forma de alcanzar la existencia.

Uno debe ser más como el agua que como la piedra. Y recuerda siempre: a largo plazo, el agua tiene la victoria sobre la piedra.

DÍA **229** Si tu vida se vuelve compasiva, ésa es la prueba, una prueba concreta de que has atravesado una transformación interior. Todas las tensiones han desaparecido y ahora hay calma absoluta, silencio absoluto, paz absoluta. Has llegado a casa. La compasión se vuelve el símbolo, el criterio, la manifestación de lo que ha sucedido en el centro más profundo de tu ser. La meditación sucede adentro, la compasión es su expresión exterior, su manifestación. Nadie puede ver el estado de meditación de alguien más, pero todos pueden ver la compasión, el amor que rodea a esa persona. Se convierte en amor, en compasión.

Entra profundamente en la meditación para que puedas alcanzar la compasión. Ésa es la verdad última de la vida.

DÍA **230** Aprende a ser cada vez más silencioso, aprende a estar cada vez más quieto. Disfruta el silencio y la quietud. Ésos son los preparativos básicos para el mejor invitado. Cuando estás en silencio profundo, eres capaz de convertirte en el anfitrión de la divinidad.

DÍA **231** Tu religión no tiene que fundarse en el miedo, sino en el amor. No le tengas miedo al infierno, no existe el infierno, nunca ha existido. Es una ficción que crearon los sacerdotes para explotar a la humanidad; han explotado a la humanidad durante siglos. Y tampoco existe el cielo. Es el otro lado del infierno, el otro lado de la ficción, sirve para explotar tu avaricia.

La avaricia y el miedo no son fenómenos distintos, sino dos caras de la misma moneda; la persona temerosa siempre es avara, la persona avara siempre está temerosa. De hecho, no son dos energías, sino dos polos de la misma energía. Al igual que los polos negativo y positivo de la electricidad, inseparablemente juntos.

Tampoco existe el cielo. Sí, existe un cierto tipo de infierno y de cielo, sin embargo, son psicológicos, dentro de ti. No tienen nada que ver con ningún lugar, debajo de la tierra o arriba en el cielo. No es geográfico. Deshazte de la idea del cielo y el infierno, la religión no tiene nada que ver con todas esas tonterías. Deshazte de la idea de Dios como persona. Llamar a Dios «el padre» es simplemente para provocar tu miedo, porque todos los niños le han tenido miedo a su padre desde el principio.

Ese miedo permanece toda tu vida. Incluso aunque pases años de terapia primal, sigue merodeando por ahí, se queda tan arraigado que llega a los huesos, al mero tuétano. Llamar a Dios «el padre» es simplemente crear un miedo infantil en ti, una dependencia infantil. No hay ningún Dios como persona y no hay ningún superpadre en el cielo. Dios sólo significa la existencia entera; es otro nombre para la vida. Ama la vida, dedícate a la vida, vívela tan totalmente como sea posible. Ofrécete a la vida totalmente, sin retener nada, y entonces surgirá la gran dicha, la dicha que tiene principio, pero no fin.

DÍA **232** Cuando te mueves hacia adentro, la gente que ha entrado no puede dejarte ninguna huella. Es imposible, porque el territorio interior de cada quien es distinto. Las huellas de Buda no te servirán, y si sigues literalmente las huellas de Buda, nunca te encontrarás a ti mismo.

El mapa de Jesús no te servirá; no puedes seguirlo literalmente. Te puede servir de una forma muy indirecta; te puede volver consciente de ciertas cosas interiores, pero en un sentido muy vago. Te puede dar confianza: «Sí, hay un mundo interior». No hay duda, porque tanta gente no puede estar mintiendo. Buda, Jesús, Zaratustra, Lao Tsé, Mahavira, Krishna, Mahoma, esa gente hermosa no puede estar mintiendo. No pueden estar en una conspiración, ¿para qué? No existieron juntos —vivieron en épocas diferentes, en países distintos— y aun así hablan casi el mismo lenguaje.

No puedes seguir las huellas de Buda exactamente porque su territorio interior es diferente. Cada individuo es único, tanto que tienes que descubrirte por ti mismo, completamente solo; por lo tanto, se necesita valor.

Ésta es la mayor aventura de la vida, y el que la siga estará bendecido.

DÍA **233** La vida es música, la mente es ruido. Y por culpa de la mente ruidosa no podemos oír la música de la vida. A menos de que detengamos a la mente y su ruido, nunca llegaremos a conocer la hermosa música de la vida.

Así que toda mi intención es ayudarte en dos cosas. Primero en la parte negativa: cómo detener a la mente ruidosa. Y luego en la parte positiva: cómo entrenar tus oídos para que puedas oír tu propia música interior. Si se cumplen esas dos cosas, no queda nada más. La vida alcanza su máxima cima, su dicha y bendición.

DÍA **234** La música se acerca mucho a la experiencia de la divinidad, porque la divinidad es la mejor música de la existencia. Es otro nombre para la armonía que existe en el universo. Lo que llamamos música es sólo una pequeña gota. Pero aunque sea una pequeña gota, contiene el secreto entero del océano. Eso es lo atractivo de la música: libera la meditación en ti, libera el esplendor encarcelado. Por un instante, los muros de la cárcel desaparecen. Por un instante, te transportas a otro mundo. Por un instante, trasciendes el tiempo y el espacio, te vuelves infinito, ilimitado. Ése es el inicio, el inicio de una travesía interminable.

La música nació en profunda meditación. La música es un intento por crear en el exterior la misma circunstancia que hay dentro de ti en profunda meditación. Por lo tanto, un meditador real es un verdadero músico. Puede tocar o no tocar. Puede componer o no componer. Pero conoce el secreto, tiene la llave de oro, y el verdadero músico tarde o temprano caerá en la meditación. No puede evitarlo mucho tiempo; es inevitable, porque el exterior provoca el interior, reta a la música interior que se queda dormida pronto. Y la misma música se esconde en el todo de la existencia; por lo tanto, yo digo que la música es uno de los fenómenos más divinos de la existencia.

DÍA **235** La meditación es música, la mejor música: música sin sonido, música de silencio. Es mucho más rica, mucho más profunda que cualquier música que creemos con sonidos, porque el sonido es, después de todo, una perturbación. Podemos hacer que las perturbaciones sean adorables, pero siguen siendo perturbaciones.

Silencio significa que no hay perturbación, que nada se mueve, pero hay una gran música, una gran armonía en ese estado mudo, silencioso. La meditación conduce a ese estado de silencio y, a menos de que el hombre conozca ese silencio, no estará consciente de lo que carga en su corazón. Sigue siendo inconsciente de su propio reino, de su propia riqueza, de sus propios tesoros. Sigue siendo un mendigo, mientras que podría ser un emperador en cualquier momento, simplemente entregándose. El silencio es alquímico: una vez que has penetrado la barrera del sonido, una vez que has pasado la barrera del sonido y alcanzado el mero centro de tu ser, habrás llegado al mero centro de la existencia.

DÍA **236** Sigue la música en el mundo exterior y en el mundo interior. No se necesita ir a ningún otro templo, con la música basta. Aprende a escuchar la música de la existencia: el viento que pasa a través de los pinos o el sonido del agua o el océano en un gran baile. Escucha cuidadosamente, con atención, escucha sin pensar; escucha libre de pensamientos para que pueda penetrar hasta el mero centro de tu ser.

DÍA **237** La vida es una escuela. Estamos aquí para aprender algo, y lo más importante es aprender a cantar, a bailar, a regocijarse. Todo eso se vuelve posible a través de la meditación. La meditación libera todas tus energías. Y miles de flores empiezan a brotar en tu ser. Entonces, el paraíso ya no está después de la muerte, está aquí y ahora. Y cuando el paraíso está aquí y ahora, sólo entonces es una verdad.

DÍA **238** El primer paso hacia la verdad es la alegría, una danza interior profunda. Uno tiene que deshacerse de todo lo que le impida bailar, de todo lo que le impida que la vida se convierta en una celebración. Y todos cargamos muchos condicionamientos que van en contra de la dicha.

De hecho, la religión se ha vuelto casi sinónimo de seriedad. La gente religiosa se ve muy triste, como si fuera un pecado reír. No pueden cantar, no pueden bailar, no pueden disfrutar nada. Están en contra de la vida. Ésa no es la forma de encontrar la verdad. Ama la vida, ama las pequeñas cosas de la vida, las cosas diminutas. Comer, caminar, dormir; las actividades ordinarias de la vida tienen que transformarse en un placer. Se tienen que hacer con tal gozo que se conviertan en danza. Entonces, la verdad no estará lejos, entonces cada instante se acercará más y más. En el preciso momento en que tu dicha sea total, la verdad descenderá en ti. Y la verdad libera.

DÍA **239** Si uno puede volverse risa, amor, entonces no es necesaria ninguna otra oración: uno ya entró en lo divino.

Yo nunca he visto a una persona triste entrar en lo divino. El único camino hacia la divinidad es la danza.

Así que aprende a bailar, a cantar, a celebrar, a regocijarte; y entonces encontrarás la divinidad en todos lados. Entonces cada experiencia será divina y lo ordinario empezará a transformarse en extraordinario, lo mundano desaparecerá y dará pie a lo sagrado. La vida entera se volverá tan llena de Dios que no será cuestión de que Dios esté en algún lugar arriba en el cielo. Estés donde estés, estarás rodeado de divinidad. Siempre estás caminado por tierras sagradas. Cada piedra tiene un sermón dentro, y cada piedra es una escritura. Sólo necesitas un corazón, un corazón danzante para ver, para sentir, ¡para ser!

DÍA **240** Yo estoy inmensamente enamorado del mundo y de la vida, y les enseño a mis sannyasins a ser grandes amantes de la vida. Baila con el viento, baila cuando llueva, baila con los árboles y quedarás sorprendido, porque la religión no está en las escrituras, está esparcida por toda la existencia. Puedes ver un destello en un arcoíris, puedes experimentarla en la danza de un pavo real o de un cuco que llama a lo lejos, o cuando alguien toca la flauta. La religión no es algo muerto. La religión está muy viva y tú tienes que estar vivo para hacer contacto con ella. Si vives en la miseria, vives en la muerte. Si vives en la dicha, cada vez estás más vivo. Cuando tu dicha alcanza la cima, una cima orgásmica, entonces haces contacto con la existencia. Ese contacto te da la prueba de que la vida no es sólo materia, sino algo más. Y ese algo más es indefinible. Lo podrás llamar x-y-z, iluminación, Tao, verdad, divinidad, pero ésas son sólo palabras para indicar algo que no se puede contener en ninguna palabra.

DÍA **241** Toda mi visión es la de una humanidad que danza, canta, ama, ríe. Me gustaría llenar la tierra entera de risas, de música, de poesía, de pinturas, de creatividad, de más sensibilidad. Y entre más sensible sea una persona, más creativa será, más religiosa será: entre más creativa sea, más cerca estará del creador, obviamente. Así que regocíjate en la vida; recuerda, ¡ése es mi mensaje para ti!

DÍA **242** La sabiduría es una canción. No es seriedad, es alegría; no es tristeza, es celebración. Y a menos de que la sabiduría sea una canción, no es verdad. Si no, es sólo conocimiento, mero conocimiento. Sólo pretende ser sabiduría. Pero la verdadera sabiduría que también se puede convertir en canción, que finalmente se convierte en canción, nace sólo de la meditación. No hay otra forma.

DÍA **243** La vida tiene que ser un regocijo, la vida se tiene que vivir en su totalidad. No es indulgencia, y si fuera indulgencia... Dios ha creado esta vida y no parece ser un asceta, si lo fuera, ¿para qué las flores y los arcoíris y las mariposas? ¿Acaso un Dios asceta crearía tantas flores, tantos colores? ¿Tantos árboles y estrellas?

La oscuridad habría sido perfectamente sagrada. De hecho, un Dios asceta no habría creado ningún tipo de belleza; habría hecho todo tan feo y desagradable que nadie habría pensado nunca en el amor. Pero hace a la gente hermosa. La hace preciosa.

Dios no es un asceta, eso es absolutamente seguro. Dios es amor, un creador, un poeta, un cantante, un danzante.

Dios no es un neurótico ni un perfeccionista, si fuera así, habría creado el mundo perfecto desde el principio. No habría habido evolución; habría hecho a todo el mundo santo. Todos habrían nacido santos y no habría necesidad de religión alguna, de crecimiento alguno.

Pero Dios crea oportunidades para crecer. No es perfeccionista: ama el crecimiento, la búsqueda, a la gente que se descubre a sí misma. Le interesa inmensamente la gente que crece por voluntad propia. Acepta que a veces se descarriarán; si no, no podrían crecer. Y acepta que cometerán errores; nadie puede aprender si no comete errores.

DÍA **244** Regocijarse en la vida es el camino hacia Dios. Baila en tu camino hacia Dios, ríe en tu camino hacia Dios, canta en tu camino hacia Dios. Y para estas fechas, Dios ya debe estar cansado de esos santos tan serios; durante siglos esos tipos estúpidos... O ya se suicidó, al ver a todos esos santos —no me caben todas esas imágenes en mi habitación— o se volvió loco, o se escapó. Es imposible concebir a Dios viviendo con todos esos santos cristianos, hindúes, jainistas, es imposible concebirlo.

Si ves la vida, si esta vida es una creación de Dios, si esta vida es la expresión de Dios, entonces es un Dios danzante, lleno de flores y fragancia, lleno de canciones —muy creativo, sensible— lleno de música. Si esta vida es una prueba —y excepto por esta vida, no hay otra prueba—, entonces Dios no puede ser una persona seria.

DÍA **245** La meditación te hace consciente de la gran música, la interior y la exterior. Está ahí, pero nosotros no estamos alertas, no estamos despiertos; por lo tanto, nos la seguimos perdiendo. De lo contrario, toda la existencia no es nada más que música. Los místicos llaman Dios a esa música. Dios no es una persona, sino la armonía última de la existencia; es una orquesta. Todo está en sintonía con todo lo demás. Los árboles están en sintonía con la tierra, la tierra está en sintonía con el viento, el viento está en sintonía con el cielo, el cielo está en sintonía con las estrellas y así sucesivamente. No hay jerarquía. Incluso la hierba más pequeña es tan importante como la estrella más grande. Ambas contribuyen a la orquesta de la existencia. Ambas la realzan, la enriquecen.

DÍA **246** No tenemos nada que ofrecerle a la existencia, pero podemos cantar, bailar, tocar un hermoso instrumento. Podemos transformar nuestra vida entera en una canción, en una danza, en un festival, y ése es el único regalo verdadero para la existencia. Cortar flores de los árboles y ofrecérselas a la existencia es estúpido, porque esas flores pertenecen a los árboles, no a ti; de hecho, el árbol ya se las ofreció a la existencia. En el árbol estaban vivas y tú las mataste, destruiste su belleza; le estás dando cadáveres a la existencia.

No le puedes ofrecer las palabras de Jesús; son sus palabras, sus cantos. Son hermosas, pero son prestadas. No surgieron en tu corazón, no tienen tu latido, no tienen tu firma. Le puedes ofrecer las bellas canciones de Krishna, de Buda, pero son prestadas. Mi enfoque básico hacia la existencia es que todos tienen que hacer que su consciencia crezca en un árbol floreciente. Todos tienen que llegar al florecimiento.

Y, por supuesto, las flores del hombre no serán como las flores de un árbol; no serán como rosas ni lotos ni caléndulas. Las flores del hombre serán de una categoría totalmente distinta: serán de amor, de libertad, de gozo, de una calidad superior. Yo las llamo canciones. Cuando el cantante se pierde en su canción, en ese momento le ofrece la canción a la existencia. Cuando el danzante se pierde en su danza, ofrece su danza. Ésos son los únicos regalos que se aceptan, son sólo oraciones oídas y satisfechas. Y cuando le empieces a regalar tu gozo, tu amor, tus canciones a la existencia, quedarás sorprendido de que, entre más le ofrezcas, más se te dará a cántaros; regresará un millón de veces.

DÍA **247** Todo está sucediendo en un acuerdo profundo, pero el hombre sigue inconsciente. Esa inconsciencia se convierte en su miseria y empieza a sufrir a partir de sus propias pesadillas inventadas. De lo contrario, la vida es una celebración; es una celebración constante, un continuo, un festival interminable. Simplemente tenemos que volvernos más silenciosos para poder escucharlo. Y cuando estemos en silencio absoluto —no sólo silenciosos, sino *en* silencio— entonces desapareceremos, seremos parte de toda esa armonía cósmica. Ése es el encuentro del hombre con la existencia, de la parte con el todo.

Desaparecemos en cierto sentido, nos disolvemos en cierto sentido —como ego, como persona— pero nos convertimos en el todo, así que, en otro sentido somos, por primera vez. La gota de rocío desaparece, pero se convierte en el océano. No es un perdedor, no pierde nada. Sólo pierde sus pequeños límites que no valía la pena conservar. De hecho, ellos creaban todo su problema: el miedo, el temblor, el miedo constante de que el sol salga y desaparezca, de que muera... Mahavira dijo que la vida del hombre vivida como ego es como una gota de rocío colgando de una brizna de hierba, constantemente asustada.

Una ligera brisa y es el fin: la gota de rocío cae a la tierra y desaparece. O pronto la mañana llegará y el sol saldrá y la gota de rocío se evaporará. ¿Cómo podemos vivir rodeados de tanta muerte?

Todos nuestros límites se derivan de nuestra muerte; nuestra muerte nos define. Cuando perdemos nuestros límites, perdemos también la muerte. Entonces, somos eternos, infinitos.

Recuerda que la meditación tiene éxito si tú te vuelves cada vez más alerta a la gran música que siempre está ahí, sólo necesita un oído comprensivo. La meditación crea ese oído, ese corazón.

DÍA **248** La vida sólo comienza cuando tú empiezas a desplazarte hacia la dimensión que trasciende la muerte. Para eso sirve la meditación: es una estrategia, una herramienta, una escalera para trascender la muerte. Y basta con un vistazo del más allá. Entonces, sabes que sólo el cuerpo morirá, no tú, y que sólo el cuerpo nace, no tú. Tú estabas aquí antes de tu nacimiento y estarás aquí después de la muerte. Eres parte de la eternidad. Cuando uno experimenta eso, la vida se vuelve dichosa, y en esa dicha uno se siente bendecido por la existencia. Entonces, naturalmente, espontáneamente, surge la gratitud.

DÍA **249** La oración es como una flor. La dicha es como la primavera cuando se abren las flores. Y cuando se abren las flores, hay fragancia; entonces se libera la fragancia encarcelada. Cuando la oración empieza a desbordarse sin esfuerzo, naturalmente, espontáneamente, cuando simplemente estás agradecido por ninguna razón en particular, basta con *ser*, basta con existir un solo instante…

Alcanzar esa fragancia es llegar a la cima de la vida, al *crescendo*. Hay satisfacción y contento inmensos. Uno ha llegado a casa.

DÍA **250** Los antiguos videntes de los Upanishads tienen una hermosa oración. Es una de las oraciones más bellas jamás pronunciadas: «*Tamaso ma jyotirgamay*; oh Señor, guíame de la oscuridad a la luz. *Asato ma sadgamay*; oh mi Señor, guíame de la mentira a la verdad. *Mrityorma amritam gamay*; oh mi Señor, condúceme de la muerte a la inmortalidad».

Es una oración hermosa, la más hermosa. Pero han pasado cinco mil años y siento que ahora necesita una pequeña mejoría.

No debería decir: «Guíame de la oscuridad a la luz», porque la oscuridad no existe. Yo diría: «Guíame de la luz hacia más luz». Yo no diría: «Condúceme de la mentira a la verdad», porque la mentira no existe; yo diría: «Condúceme de la verdad hacia más verdad». Yo no diría: «Guíame de la muerte a la inmortalidad», porque la muerte no existe; yo diría «Guíame de la inmortalidad hacia más inmortalidad, de la vida a una vida más abundante, de la perfección hacia más perfección», si es posible, porque por lo general pensamos que la perfección significa el fin, pero yo no lo creo.

La perfección puede volverse más perfecta; la perfección va volviéndose más y más perfecta. En cada etapa es perfecta, pero aun así no está cerrada, está abierta. Siempre se puede enriquecer, siempre se puede volver más colorida, con nuevas canciones, con una nueva danza, con nuevas celebraciones. La evolución no tiene fin.

DÍA **251** Sólo hay dos tipos de personas en el mundo. El primer tipo siempre pide más y nunca disfruta lo que está disponible: cuando lo que pidió se vuelve disponible, seguirá pidiendo más. Nunca disfrutará. Pospondrá el disfrute toda su vida. Su vida no es más que un aplazamiento muy largo; siempre es mañana. Hoy tiene que trabajar, hoy tiene que ganar dinero, mañana se relajará y disfrutará. Pero mañana nunca llega, siempre es hoy. Por lo tanto, viven sin saber lo que es la vida.

La segunda categoría disfruta lo que hay, sin querer más. Y el milagro es que todos los días tienen más para disfrutar. Su capacidad de disfrutar aumenta. Están constantemente practicándola, disfrutan a cada instante; se vuelven más hábiles disfrutando, se vuelven conocedores del gozo, se vuelven muy sensibles a los pequeños matices del placer. Todos sus sentidos se avivan, se vuelven inmensamente inteligentes.

Y de esa inteligencia, consciencia y sensibilidad nacerá el siguiente instante. Por supuesto que serán capaces de disfrutar el siguiente instante aún más de lo que disfrutaron éste. Su vida será un proceso de profundización constante; irán cada vez más profundo.

DÍA **252** Nacemos con la capacidad de ser perfectos, nacemos con todo el potencial para alcanzar la cima más alta. Pero es un potencial, se tiene que volver acto. Y para convertirlo en acto, necesitarás cierta metodología. Es como el oro que se encuentra en las minas y tiene que atravesar muchos procesos de refinamiento. Es como los diamantes que se encuentran en las minas, pero ahí son sólo piedras. Sólo los joyeros pueden reconocerlos: la gente ordinaria no podrá reconocer que son diamantes.

El hombre también es un diamante raro, pero por lo general encontrarás ira, avaricia, odio, lujuria, todo tipo de venenos en él; y no serás capaz de ver ningún Buda, ningún Cristo. No serás capaz de ver a Krishna en ningún lado, no escucharás la flauta de Krishna en su interior, y no verás la pureza ni la inocencia de Buda. Pero contiene la pureza de Buda, la inocencia de Mahavira, la rebelión de Jesús, la canción y la danza de Krishna, y la infinita sabiduría de Lao Tsé. Contiene todo lo que le ha sucedido a cualquier ser humano en el mundo.

Se necesita cierta ciencia, y es la ciencia de la meditación. No es una ciencia complicada en absoluto, es muy sencilla, pero a veces se nos siguen escapando las cosas más sencillas de la vida. Se nos escapa lo obvio, porque siempre estamos buscando lejos. Siempre nos atrae lo distante, lo lejano, y lo cercano siempre queda disponible. Pero si siempre está disponible, ¿a quién le importa?

Nuestro ser está muy cerca, y el método de la meditación es muy simple: por eso se les escapa a millones de personas. Una vez que empieces a entrar, quedarás sorprendido de lo simple que es como fenómeno, pero tiene una belleza inmensa, el mayor gozo posible, el mayor florecimiento posible. ¿Cómo es que te lo has perdido tanto tiempo? No podrás explicarte a ti mismo por qué ni cómo esperaste tanto. Y puede transformar todo tu ser en oro.

DÍA **253** Una vez que entres al mundo de la meditación, tu visión y tu perspectiva cambiarán de inmediato. Empezarás a sentir que no estás aquí por accidente, que estás cumpliendo cierta necesidad de la existencia.

La existencia misma está detrás de ti, pero sólo se puede descubrir en un profundo silencio, cuando tus pensamientos, tu mente y tu ego se detengan por completo. En esa claridad, cuando todas las nubes hayan desaparecido y el sol vuelva a brillar, en esa luz, la vida estará absolutamente transformada. Empezará a tener significado, importancia, y con ellos vendrá el gozo, la dicha.

DÍA **254** Así como todos los árboles están arraigados en la tierra, todas las consciencias están arraigadas en la divinidad; la divinidad significa la consciencia última. Y la meditación es el puente que te lleva a la mera fuente de tu ser. Una vez que hayas probado el gozo de estar en la fuente, entonces todo lo demás en la vida se volverá insignificante. Entonces podrás seguir viviendo una vida ordinaria, pero es pura actuación, es una hermosa obra de teatro. Actúa tan bien como puedas, pero ahora sabes que no eres parte de ella. Es sólo un papel; no es tu existencia.

DÍA **255** La vida se puede volver un sí total, pero tenemos que cambiar el patrón completo. Todos tus *noes* se pueden fusionar y tornar en *síes*. No es tan difícil como la gente cree. Ciertamente, no es imposible. Le ha sucedido a mucha gente, a Buda, a Zaratustra, a Jesús, a Pitágoras, a Dionisio, a Lao Tsé. Le ha sucedido a mucha gente por todo el globo; te puede suceder a ti. Le debería suceder a todo mundo. De hecho, estamos aquí para que suceda. Y eso es a lo que llamo el giro de un estilo de vida prosaico a un estilo de vida poético, un giro de las matemáticas a la música. Entonces, la vida es una canción, un inmenso éxtasis.

Yo no enseño una religión de tristeza. Estoy en contra de todas las religiones sadomasoquistas. Yo enseño un nuevo tipo de religiosidad arraigado en el amor, no en el miedo, arraigado en el presente, no en el futuro, arraigado en el amor y no en la lógica.

DÍA **256** Un hombre puede vivir la vida como un no o como un sí. Si vives la vida como un no, te conviertes en guerrero; estás luchando constantemente. Entonces, la vida es sólo una batalla, una guerra, y luchas contra el resto del mundo. Por supuesto que es una guerra perdida, estás condenado a perder. Uno no puede ganarle al todo; la sola idea es estúpida. Pero apela al ego. El ego siempre quiere decir que no. El «no» es alimento para el ego. El amor quiere decir que sí; el «sí» es alimento para la vida.

Amor y ego son sólo polos opuestos: si dices que

no, haces crecer a tu ego. Entre más ego tengas, menor será la posibilidad de amor. Sin amor no hay gozo; sin amor no hay música; sin amor no hay poesía en la vida. Sin amor, la vida es un desierto. Uno puede luchar todo lo que quiera, pero es autodestructivo. El sí es creativo, el sí es el camino del creador, del amante. Sí significa rendición. Si «no» significa guerra, entonces «sí» significa rendición: rendición al todo, confiar en el todo como un amigo, no hay necesidad de luchar contra la vida y la existencia confiables. En cuanto confías te puedes relajar, puedes desprenderte.

DÍA **257** Por lo general, la gente vive una vida muy cerrada. No abren puertas ni ventanas. Viven con miedo, escondiéndose, siempre con miedo a lo desconocido. No permiten que el sol, la lluvia, el viento entren en su ser. Pero si pones un rosal en tu habitación y cierras todas las ventanas y puertas, y no lo toca el viento ni la lluvia ni el sol, no puedes esperar que sobreviva: morirá. Así es como está la gente, casi muerta. Viven una vida muerta, tan sólo arrastrándose.

Para vivir de verdad uno tiene que estar disponible para todo lo que es. Uno tiene que estar abierto y vulnerable. Uno tiene que deshacerse de sus miedos. Sólo hay una cosa a la cual temer, y es el miedo. Con esa excepción, nunca tengas miedo de nada, porque el miedo paraliza, mata. Cuando empieces a moverte hacia lo desconocido, a pesar de todos los miedos, tu vida empezará a descubrir muchas cosas nuevas de las que no estabas consciente: conforme se profundiza la aventura, la emoción y el éxtasis también se profundizan.

Conforme empieces a moverte hacia lo desconocido, habrá muchos retos que enfrentar, que afrontar, y naturalmente te volverás más consciente, más alerta. Tendrás que hacerlo. Es como caminar al filo de la navaja: ¿cómo podrías ser descuidado? Tienes que ser precavido y cauteloso. Es arriesgado. Y cuando hay riesgo, tu inteligencia se vuelve más aguda. Cuando la inteligencia es aguda, el éxtasis es inmenso y te emociona cada movimiento. A cada paso, tu ser interior se empieza a desplegar.

Sólo ese ambiente de aventura, de éxtasis, de integridad, de riesgo, de peligro, de inteligencia, de consciencia, abre el ser interior. El brote se convierte en flor.

DÍA **258** Cuando no temes lo desconocido, lo desconocido inmediatamente toca a tu puerta. Si le tienes miedo, entonces no te molesta. La existencia nunca interfiere en la vida de nadie, porque ama su creación. Así que nos da total libertad, incluso para ir en su contra, eso es parte de la libertad; incluso cerrar las puertas es parte de la libertad; incluso negar la existencia es parte de la libertad.

Pero es muy tonto usar la libertad de forma negativa. Usa la libertad de forma positiva, úsala para recibir al huésped desconocido, úsala para crear confianza y amor y dicha, para que la existencia pueda penetrarte. Y el encuentro entre tu ser y el ser del todo es el inicio de la luz, el inicio de la vida eterna, el inicio de la inmortalidad. Ésa es la búsqueda que todo mundo está haciendo, a sabiendas o sin saberlo.

DÍA 259 Si eliges lo viejo, eliges la miseria; si eliges lo nuevo, eliges la dicha. Que ésa sea la clave: siempre elige lo nuevo, lo desconocido, lo peligroso, lo inseguro, porque sólo crecemos si corremos el riesgo. Y crecer es dicha, la madurez es dicha.

Nunca, ni por un solo instante, te aferres a lo viejo. Sigue deshaciéndote de lo viejo. Cuando esté viejo, termina con ello, ponle un alto total. Nunca mires atrás; no hay nada que mirar. No puedes mirar atrás, tienes que seguir adelante, siempre adelante. Y sé aventurero.

DÍA 260 Lo más hermoso del peligro es que te pone alerta, consciente; por lo tanto, la gente que escala cimas desconocidas, inexploradas, realmente lo que busca es consciencia. No están conscientes de lo que buscan. La gente que ha viajado al polo norte y sur, corriendo todo tipo de riesgos, la gente que ha ido a la Luna no está consciente de cuál es su búsqueda. Buscan consciencia, pero inconscientemente.

Alguien que medita va conscientemente. No hay necesidad de ir a los Himalayas ni a la Luna, porque hay cimas más altas en tu interior y mayores distancias en tu interior y estrellas mucho más significativas en tu interior; el cielo entero está ahí, todo el cosmos está ahí. Pero es mucho más riesgoso que ir a la Luna o al Éverest. Lo más grande, lo más peligroso, lo más arriesgado está adentro; por lo tanto, muy poca gente se atreve a entrar.

DÍA 261 En el exterior, permanece gozoso con lo momentáneo; no pidas que sea eterno. Nada puede ser eterno en el exterior. Disfruta lo momentáneo como momentáneo, sabiendo perfectamente bien que lo es. La flor que se ha abierto en la mañana morirá al atardecer. Ha salido con el amanecer, se irá con la puesta del sol.

¡Así que regocíjate! No estoy en contra de la flor, ¡regocíjate! Pero recuerda, no te aferres, no esperes; de lo contrario, te desilusionarás. Regocíjate en lo momentáneo del exterior, y busca lo eterno en el interior.

DÍA **262** El hombre es una escalera, hay muchas posibilidades en él y eso es tanto peligroso como digno, una gloria y una agonía. Es fácil caer: caer siempre es más fácil, no requiere ningún esfuerzo. Subir requiere esfuerzo. Entre más subas, más esfuerzo requerirás. Si quieres alcanzar las cimas de la consciencia tendrás que arriesgarlo todo.

Uno no debería dar por hecho su ser, porque el hombre no tiene ser en absoluto, sólo un espectro de posibilidades, todo el espectro. Ésa es la belleza del hombre, y también su miseria. Es el único animal ansioso en la existencia, el único que siente angustia. La causa de su angustia es que siempre está en una encrucijada. Tiene que elegir en las encrucijadas. Tiene que decidir a cada instante: ser o no ser, ser esto o ser aquello.

DÍA **263** Quédate en el mundo, pero permanece absolutamente impoluto, no identificado. De eso se tratan los sannyas: de vivir en el mundo sin estar en él; vivir en el mundo, pero sin permitir que el mundo viva en ti; atravesar el mundo plenamente consciente de que todo es momentáneo, así que no te perturbes, no te distraigas.

Así que las calamidades y las bendiciones, los fracasos y los éxitos son iguales. Y cuando puedas ver que la oscuridad y la luz, la vida y la muerte son iguales, te inundarán una tranquilidad y equilibrio inmensos. Ese silencio profundo es la verdad.

DÍA **264** Vivir con limitaciones es vivir en las tinieblas, en un estado de indignidad. Es humillante, porque nuestro ser necesita todo el cielo, y sólo entonces podrá bailar, cantar, *ser*. De lo contrario, todo se debilita, se paraliza: no hay espacio para volar, para moverse. Y el hombre vive dentro de límites: los límites del cuerpo, de la mente, de las emociones, de los humores. Son límites tras límites. Tenemos que trascender todos esos límites.

Ésa es la función de la meditación, ayudarte a trascender todos los límites. Es un viaje hacia lo desconocido. Entonces, toda la gloria es tuya; entonces, la vida es una bendición, una completa festividad, un gozo puro. Y para mí, el gozo es lo único que es de Dios, porque trae las demás cualidades de Dios: el amor, la verdad, la consciencia, el silencio. Trae todo lo necesario, lo que es requisito para el crecimiento espiritual. Nadie puede crecer sin gozo. En la miseria, nos encogemos; en el gozo, nos expandimos.

El hombre no debería conformarse nunca con ningún límite. Cuando llegues a un límite, trata de trascenderlo. Cuando los hayas trascendido todos, cuando hayas alcanzado el infinito, habrás llegado a la existencia, habrás llegado a casa.

DÍA **265** El loto crece del lodo; la flor más bella crece del lodo sucio. Eso significa que el lodo sucio contiene algo hermoso. Así que no lo rechaces, contiene lotos. Uno tiene que saber el arte de cultivar lotos. Y es un milagro, ¡es increíble! Si uno no ha visto un loto crecer del lodo, no puede creerlo. Uno no puede concebir que esa bella flor, esa delicada flor, con tal fragancia, con tal color, haya salido del lodo común y corriente.

El hombre nace como lodo común y corriente, pero contiene un loto, tan sólo como semilla. No se debe rechazar al hombre, se lo debe aceptar y transformar. No se debe negar el mundo; contiene algo infinitamente hermoso. No está en la superficie, tiene que subir a la superficie.

Por eso no estoy en contra de nada: no estoy en contra del cuerpo ni del mundo ni del exterior. No estoy en contra de nada, estoy a favor de transformarlo todo. Cualquier cosa que haya dado la existencia es valiosa; si no entendemos su valor, es nuestra culpa, nuestra visión limitada.

DÍA **266** Concentra toda tu energía en meditar para que puedas aprender el secreto. Es un truco. Simplemente tratando con todas las meditaciones, un día descubrirás cuál te acomoda. Y cuando se acomoda, algo hace clic. De pronto lo sabes: «Éste es el método para mí». Y saber eso es tan absoluto y categórico que no surge una duda nunca.

Entonces, desplázate con esa meditación; deja que la meditación se vuelva el centro de tu vida, porque nacerás en la luz mediante ella. Y la luz es otro nombre de la divinidad.

DÍA **267** Aprende de los pájaros su canción, aprende de los árboles su danza, de los ríos su música. Y cuando estés abierto, te sorprenderás: ¡toda la existencia es un fenómeno muy poético!

Uno no necesita indagar el significado de todo; eso se convierte en una búsqueda filosófica. Cuando preguntes: «¿Qué significa esto?», habrás perdido la pista de la poesía. Cuando empieces a bailar con un árbol sin preguntar: «¿Qué significa ese árbol meciéndose al viento?», estarás siendo poético. Y el milagro, el milagro de milagros, es que la persona que no se preocupa por el significado lo encuentra inmediatamente.

Baila con los árboles, canta con los pájaros, nada en el océano, y encontrarás el significado sin buscarlo. Simplemente vuélvete parte de esta hermosa existencia. Canta tu canción: todos hemos venido con una canción en el corazón y, a menos de que la cantes, permanecerás insatisfecho. Tienes que hacer lo tuyo, a eso me refiero cuando digo que cantes tu canción.

DÍA **268** Cuando estás en silencio, tu potencial te habla, te susurra. Y esos susurros son absolutamente categóricos, no hay pero que valga. El corazón no sabe nada de peros, simplemente dice que éste es tu destino: conviértete en pintor o en poeta o en escultor o en danzante o en músico. Simplemente te dice que así es como estarás satisfecho. Empieza por dirigirte.

La función del maestro es ayudarte a estar en silencio para que puedas escuchar tus susurros interiores, y entonces tu vida empezará a atravesar una disciplina interna. Así que no te impongas ninguna disciplina externa. Yo te ayudo a descubrir tu entendimiento; entonces serás libre, te moverás en libertad.

DÍA **269** No creas que algunas cosas son mundanas y otras, sagradas. Para el hombre que sabe regocijarse, todo es sagrado. No hay división entre el mundo y Dios; todo es divino. Quizá el mundo sea Dios manifiesto, y Dios sea el mundo inmanifiesto. Y cuando uno se regocija, ¿por qué diferenciar entre lo manifiesto y lo inmanifiesto?

La flor es la semilla manifiesta y la semilla es la flor inmanifiesta, son uno. Lo mismo este mundo y el otro, esta orilla y la otra. No se necesita dividir materialismo y espiritualidad, ambos están juntos. Así que regocíjate en las cosas más pequeñas: tomar un baño o beber té. No hagas ninguna distinción. Para el hombre que sabe ser dichoso, beber té es tan sagrado como cualquier oración, su sueño es tan sagrado como cualquier actividad religiosa.

DÍA **270** Una canción simplemente representa un estado en el que uno está abierto y preparado para verter su corazón en la existencia. La canción es simbólica, uno no es miserable. Los pájaros que cantan por la mañana... Igual que ellos, uno tiene que estar constantemente con ánimo de cantar, como si siempre fuera de mañana, como si siempre fuera momento de que saliera el sol.

El sol puede salir en cualquier momento y tienes que darle la bienvenida, así que tienes que estar de humor receptivo. Tienes que estar alerta, el invitado puede llegar en cualquier momento. Los pájaros que cantan sólo se están alistando para darle la bienvenida al sol. Las flores comienzan a abrirse, los árboles empiezan a balancearse. Toda la tierra se aviva, se inflama, se alista para recibir el nuevo día.

El corazón que canta, que baila, que ama, está preparado para recibir la divinidad. El corazón miserable puede seguir orando, pero si surge de la miseria, la oración estará equivocada desde el principio. Se vuelve pesada y vuelve a caer a la tierra. No tiene alas; no puede ir a lo más alto, no puede alcanzar a Dios. Cuando uno es dichoso, amoroso, cuando uno está lleno de risa, de gozo, cuando uno no es serio con respecto a la vida, sino juguetón como un niño pequeño, inocente, sorprendido por todo, viendo todo con asombro, cuando el corazón canta aleluya, entonces Dios puede llegar en cualquier momento.

No necesitas ir a ninguna parte, sólo aprende a ser receptivo, abierto, amoroso, cantante, alegre, y él llegará. No necesitas ser cristiano ni hindú ni mahometano, no necesitas ir a ninguna iglesia, a ningún templo ni mezquita. Si tu corazón desborda alegría y amor, no necesitas ni siquiera creer en Dios, él llegará.

DÍA **271** Lo más fundamental es conocer la naturaleza de la existencia para poder estar en sintonía con ella. De lo contrario, todos están fuera de ritmo, y eso es la miseria. Estar en armonía con la existencia es dicha, estar en profundo acuerdo es dicha. Estar en desacuerdo con la existencia es miseria. Así que lo único que puede traer una transformación total en tu vida es volverte consciente de la verdad, de la naturaleza, del Tao de la existencia. Y no es por el exterior, es a través de ti; es una travesía interior.

Primero tienes que encontrar tu propio centro. Cuando hayas encontrado tu propio centro, habrás encontrado el centro de la existencia, porque no son dos cosas distintas. Sólo diferimos como circunferencias, en el centro estamos en fusión y encuentro. En el centro todos somos uno: los árboles, las montañas, la gente, los animales, las estrellas. Cuando penetras tu propio centro llegas a conocer el Tao de todo lo que es. Y una vez que conozcas el Tao, la naturaleza, el dharma, no puedes ir en contra suya. Sería suicida. Pero, sin conocerlo, por supuesto que uno está condenado a tropezar, a descarriarse.

La meditación es una forma de encontrar nuestro centro.

DÍA **272** Mucha gente busca a Dios sin siquiera preguntarse si está lista para conocerlo, si está lista para que él quiera conocerlos. Nunca piensan en eso. Yo subrayo: olvida todo sobre Dios, sólo prepárate a ti mismo. Cuando sea tiempo y tú estés listo, Dios te sucederá. No debes preocuparte, ni siquiera debes pensar en Dios; tu pensamiento no va a ayudar. Prepárate, y prepararse significa regocijarse, florecer, bailar, cantar, amar, meditar, para que todas las dimensiones, todos los pétalos de tu ser empiecen a abrirse.

DÍA **273** La dicha es una experiencia. Yo te puedo enseñar a experimentarla, no te puedo enseñar lo que es. Si te vuelves silencioso, tranquilo, calmado, callado e imperturbable, la experimentarás. La dicha es la experiencia de un estado silencioso de la mente, porque en un estado silencioso, la mente desaparece. Deja de ser mente; se convierte en no-mente.

Y con la desaparición de la mente, desaparecen todos los deseos, todas las tensiones, todas las ansiedades. Son barreras que no permiten que la dicha fluya en ti, porque de lo contrario, la dicha es tu naturaleza.

DÍA **274** El hombre construye su vida en las dunas de sus sueños. Es por eso que fracasamos en todo lo que tratamos de hacer, todas las casas se derrumban. No tienen fundamento en nada eterno; están fundadas en lo momentáneo. Y cuando se derrumba la casa de arena, empezamos a construir otra casa del mismo material. Parece que nunca aprendemos la lección: si fracasan nuestros sueños, empezamos a soñar otra vez; si se frustra un deseo, inmediatamente saltamos a otro deseo, a otro proyecto, pero nunca vemos que ese tipo de deseos están condenados al fracaso.

Desear significa ir en contra del todo. Es una tarea imposible: no se puede hacer. No desear significa relajarse con el todo, ir con el todo, no tener deseos propios. Significa: «La voluntad del todo es mi voluntad. No trato de alcanzar ninguna meta individual». Cuando empiezas a tratar de alcanzar una meta individual, tendrás problemas, porque no estamos separados del todo, por lo tanto, no podemos tener metas separadas. La palabra *idiota* es muy significativa en este contexto; su significado original es: alguien que trata de alcanzar algo de manera individual. Es un idiota porque su fracaso es absolutamente seguro. Nadie ha tenido éxito nunca con una meta individual. Tenemos que aprender a ser parte de la vida, de la existencia. Somos olas en el océano: no podemos tener metas individuales y no hay necesidad en absoluto.

DÍA **275** No estamos separados de la existencia, pero todos vivimos con la idea de que sí lo estamos. La idea de separación es el ego. La idea —la sola idea— crea el infierno, porque entonces nos da miedo nuestra propia supervivencia, nos da miedo a futuro, nos da miedo que un día tengamos que morir. Todo esto tiene que ver con la idea del ego. No entendemos que somos uno con el todo, que no ha habido ni nacimiento ni muerte. Siempre hemos estado aquí, como parte del todo. Es como una ola que se eleva en el mar; ya estaba ahí incluso antes de elevarse, y cuando regresa al mar a descansar, sigue ahí. El nacimiento y la muerte son falsos; la ola permanece, a veces latente, en reposo, a veces manifiesta, pero está ahí, siempre. Es parte del océano.

Nosotros también somos parte de esta existencia, somos olas de este océano, y cuando lo entendemos, desaparece toda ansiedad; no hay nada de qué preocuparse. Éste es nuestro hogar, somos parte de él. No hay manera de que estemos en cualquier otro lugar o de no estar, no hay manera en absoluto.

DÍA **276** La dicha es algo muy natural. Si dejas de crear miseria, eres dichoso; no es algo que debas inventar tú. Es la misma energía que se convierte en miseria. No la inviertas en la miseria. No pongas tu energía en los celos, en el odio, en la ira, en la posesividad. Retírate de todas esas estupideces.

William Blake tiene razón al decir: «La energía es gozo». Si retiras tu energía de todas las estupideces, estarás tan lleno de energía, tan vibrante de energía, bailando de energía, que no podrás contenerla. ¡Tienes que bailar, tienes que regocijarte! Tienes que amar, tienes que reír. Todo empieza a desbordarse.

DÍA **277** Todo niño es dichoso en el vientre materno. No tiene nada ahí —no es el presidente de Estados Unidos, no es el hombre más rico del mundo, no posee ningún palacio— no tiene nada en absoluto, pero su dicha es infinita. Los psicólogos dicen que es la dicha del vientre materno lo que persigue al hombre toda su vida: ¿cómo recuperarlo? Hemos probado algo en el vientre materno que no podemos olvidar. Hacemos todo el esfuerzo posible para olvidarlo, pero de alguna forma, perdura. Fue una experiencia tan profunda que es imposible de borrar. Pero se puede volver a alcanzar muy fácilmente. Uno sólo tiene que volverse como un niño pequeño y pensar que todo el universo es como el vientre materno.

En realidad, se supone que eso es lo que debería hacer la religión: ayudarte a pensar en el universo como en la madre, para que no haya conflicto entre él y tú, para que puedas confiar en él, para que sepas en lo más profundo que se preocupa por ti, que no debes preocuparte ni estar continuamente ansioso, tenso, porque todo está bajo control. Entonces, de pronto, habrá una gran dicha. La meditación sólo te ayuda a regresar al vientre materno del universo.

DÍA **278** La verdad sólo se conoce a través de una profunda armonía interior. Por lo general, somos un caos, muy discordantes, en nosotros no sólo hay una persona, sino muchas. Somos multipsíquicos: tenemos muchas mentes dentro, y todas nos arrastran en diferentes direcciones; hay muchas voces y no puedes descubrir cuál es la tuya. Una voz dice: «Haz esto», otra dice: «No hagas esto». Estás en un tambaleo constante, partido casi en miles de piezas como un espejo que cayó al suelo. Ésa es la situación en la que se encuentra el hombre. Pero todos esos fragmentos se pueden volver a reunir. Se pueden fundir en el todo; se pueden integrar, cristalizar. De eso se trata el sannyas: es la ciencia de cristalizar tus fragmentos en una unidad orgánica. Cuando la unidad surge en ti, nace una gran música. Todos los ruidos se tornan en orquesta, y sólo entonces puedes ver, oír, sentir la verdad de la existencia. Siempre está ahí, pero nuestra mente es tan ruidosa que no la podemos sentir.

Cuando este caos interior se haya ido, podremos oír la tranquila vocecita interior. Y luego, indudablemente, inequívocamente, uno lo sabe: «Ésta es mi voz, ésta es la existencia hablando en mí». Y no hay duda. Incluso aunque todo el mundo lo dude, tú no lo dudarás: es indudable. Sólo en esa roca de indubitabilidad, en esa roca de certeza, la vida se puede convertir en templo, de lo contrario, simplemente estaremos construyendo castillos de arena.

DÍA **279** No nos vamos a volver perfectos, nacimos perfectos. No vamos a inventar la dicha, sólo tenemos que descubrirla. Por lo tanto, no es tan difícil como la gente cree; es un proceso muy simple de relajación, descanso y, despacio, despacio, centrarse.

Cuando te tropieces con tu centro, de pronto todo será luz; habrás encontrado el interruptor. Es como andar a tientas por una habitación oscura: andas a tientas y luego encuentras el interruptor. Y ésa es realmente la situación. Estamos llorando y sollozando innecesariamente; por lo tanto, los que han conocido tienen un sentimiento muy extraño con respecto a la gente. Sienten una gran compasión y también una gran risa, porque pueden ver la estupidez: ya lo tienes, pero estás corriendo de aquí para allá sin razón alguna. Y como estás corriendo, te la sigues perdiendo.

Los que han conocido sienten una gran compasión también porque tú sufres, eso es verdad, aunque tu sufrimiento sea tonto. Es como un hombre que pensó que una cuerda era una serpiente y corre y se cae con una cáscara de plátano, se rompe algunos huesos y puede hasta terminar en el hospital. Sabes que fue un tonto, ¡no había ninguna serpiente! Se pudo haber muerto de un infarto, sin ninguna serpiente; una simple cuerda hizo todo el juego. ¡Es el truco de la cuerda!

Y ésa es la situación del hombre. Este absurdo y ridículo patrón de vida tiene que cambiar por completo. Mira hacia adentro, y entonces, si no encuentras nada ahí, mira hacia afuera.

Pero yo digo categóricamente que nadie que haya mirado hacia adentro se lo ha perdido, así que no hay razón para que tú te lo pierdas. Nadie es excepción, es una ley absoluta: uno va hacia adentro, lo encuentra, encuentra el Reino de Dios, la dicha perfecta, la verdad absoluta. Y con ello vienen la libertad y la gran fragancia.

DÍA **280** Uno puede crear el infierno o el cielo, es nuestra decisión, es nuestra responsabilidad.

Todas las cosas buenas de la vida —de hecho, la vida misma— son un regalo de la existencia. Así que el problema no es cómo buscarlas, sino cómo recibirlas. Toma la dicha —o recibe la dicha—, por ejemplo. No está en algún lugar lejano del Tíbet, en los Himalayas. No es cuestión de viajar hacia ella; la sencilla cuestión es cómo volverse más receptivo. El regalo sigue llegando, pero encuentra nuestras puertas cerradas. El sol sale, pero seguimos sentados en la oscuridad, porque tenemos los ojos cerrados. El regalo está ahí, sólo es cuestión de abrir los ojos y todo será luz.

DÍA **281** Hay gente que se ha vuelto experta en encontrar razones para ser miserable. No pueden ser felices a menos de que sean miserables. Sólo conocen una felicidad, y es la de la miseria. Y cuando esa gente habla de su miseria, lo puedes ver en sus ojos, en su rostro, en la forma en la que hablan: todo demuestra que lo están disfrutando, se jactan de ello. Están magnificando su miseria, haciéndola ver lo más grande posible. ¿Cómo podrían ser dichosas esas personas?

Y cada instante siempre tiene ambas alternativas; puedes elegir ser miserable o ser dichoso. Empieza a verlo de esta forma: en cada situación, primero trata de descubrir qué te hará miserable y qué te hará feliz.

DÍA **282** Cuando yo era un niño pequeño, mi padre construyó una hermosa casa. Pero el arquitecto lo engañó —era un hombre sencillo— y la casa se derrumbó en las primeras lluvias. Apenas nos íbamos a mudar; apenas dos o tres días más y estaríamos en la casa, y se derrumbó. Mi padre estaba lejos; lo telegrafíe: «Ven de inmediato, la casa se derrumbó». Nunca llegó, nunca respondió. Llegó cuando tenía planeado llegar y lo primero que me dijo fue: «¡Eres un tonto! La casa desapareció, ¿por qué gastaste diez rupias mandándome ese telegrama tan largo? ¡Esas diez rupias nos pudieron haber salvado! Y gracias a Dios que la casa se derrumbó en el momento adecuado. Si se hubiera esperado cuatro o cinco días más, ¡habría matado a la familia entera!».

Invitó a todo el pueblo a un festín. A mí me encantó la idea. Todo el pueblo reía diciendo: «Esto es un total sinsentido: tu casa se derrumbó, todos se sienten miserables al respecto». Y él llamó a toda la gente del pueblo —era un pueblito— para un gran festín, para agradecerle a Dios por habernos ayudado: «¡Sólo cuatro días más y toda la familia habría muerto!». Eso es a lo que llamo elegir la parte dichosa de cada situación.

Una de mis hermanas murió. Era la hermana que más quería y su muerte me hizo miserable, aunque tuviera otros diez hermanos y hermanas. Mi padre me dijo: «Quedaste innecesariamente perturbado por ello. ¡Agradece a Dios que tienes diez hermanos y hermanas aún vivos! Se pudo haber llevado a todos. ¿Qué podemos hacer? Así como se llevó a una, se pudo haber llevado a todos. Sólo se llevó a uno de once. No es nada, podemos soportarlo. Le podemos ofrecer un hijo a Dios; si la necesitaba, que se la lleve. Pero tienes diez hermanos y hermanas, así que está feliz de que diez siguen vivos, en lugar de estar triste por la que murió».

Ése tiene que ser el enfoque de todas las personas religiosas. Entonces, tu vida se vuelve naturalmente un fenómeno bendecido.

DÍA **283** El amor es oración, el amor es alabanza, el amor es religión, ¡todo lo demás son tonterías! Todo lo demás es un invento de los astutos sacerdotes para explotar a la humanidad, pues es un fenómeno muy sencillo. El sacerdote no es necesario en absoluto, los grandes rituales en iglesias y templos no son necesarios en absoluto, pero millones de personas explotan a otras.

El hombre tiene cierta necesidad de buscar la verdad. Y por ese anhelo, el hombre está disponible para la explotación; de lo contrario, la religión es un fenómeno muy sencillo, sin ninguna complejidad.

Haz de ti mismo un amante de la existencia en todas sus manifestaciones. Entonces no serás ni hindú ni cristiano, ni mahometano. Entonces encontrarás sermones en las piedras. Te sorprenderá que no haya necesidad de buscar en las escrituras religiosas, porque todo el universo es la verdadera escritura. La firma de la existencia está en todos lados y todas las llamadas religiones fueron hechas por el hombre.

DÍA **284** Estar triste es ser un pecador, estar contento es ser un santo. Si puedes reír de todo corazón, tu vida se empieza a volver sagrada. Una risa de todo corazón es algo único. Nada puede hacer que tu risa sea más sagrada que eso. Y cuando ríes, deja que todas las células de tu cuerpo rían contigo.

De la cabeza a los pies, deja que la risa se esparza. Deja que alcance lo más profundo, lo más recóndito de tu ser. Y te sorprenderá que uno se acerca más fácilmente a la existencia por medio de la risa que de la oración.

DÍA **285** Justo hoy estaba leyendo sobre un viejo de 95 años. Le preguntaron cuál era el secreto de su larga y saludable vida. Dijo: «Me da un poco de pena decir la verdad. La verdad es que he estado sacando mi vida de los árboles. Los abrazo y, de pronto, flujos sutiles de energía empiezan a entrar en mi cuerpo. Me han mantenido vivo y lleno de savia». Mi propia observación es que tiene razón. Quizá no pueda probarlo científicamente, pero tarde o temprano se probará científicamente: si amas a un árbol, el árbol responde; si amas a una piedra, incluso la piedra responde.

Experiméntalo con el amor de tantas maneras como puedas y te enriquecerás cada día más. Encontrarás nuevas fuentes y nuevas formas de amar, nuevos objetos que amar. Y luego, al final, llega un momento en que uno simplemente se sienta sin ningún objeto de amor, simplemente amando, no a alguien, sólo amando, lleno de amor, desbordando amor. Y ése es el estado de iluminación. Uno está satisfecho, completamente contento, uno ha llegado. El sentimiento, el sentimiento constante de que algo nos hace falta desaparece por primera vez.

Y ése es el mejor día de la vida, cuando sientes que nada te hace falta, nada en absoluto. Buscas y no puedes encontrar nada que haga falta, todo está satisfecho.

DÍA **286** Cuando ves un bello atardecer y te sientes gozoso, naturalmente piensas que el gozo surge del bello atardecer. No es verdad. El bello atardecer simplemente ha desatado un proceso de meditación en ti: es tan hermoso que tus pensamientos se han detenido. Estás en un estado de asombro; te ha poseído. Y cuando se detiene el pensamiento, caes en una meditación profunda y tocas la fuente de gozo interior.

DÍA **287** Mañana será mañana, nunca hoy. No debes esperar a que sea el mismo día que hoy. La mera expectativa es peligrosa porque, en primer lugar, nunca será así; por lo tanto, te frustrarás. Y si, por casualidad, por accidente, sucede que es igual que hoy, entonces te aburrirás, pero ni la frustración ni el aburrimiento son gozo.

Deja que el futuro esté abierto. No tengas expectativas al respecto. Deja que sea desconocido, impredecible, y no trates de ninguna manera de hacer que las cosas sean permanentes. La naturaleza de la vida es el cambio, y tenemos que fluir con la naturaleza, con el Tao, con la última ley de la existencia. Ponte en sintonía con ella sin ninguna expectativa y te enriquecerás inmensamente. Cada momento te traerá nuevo gozo, nueva vida, nueva luz, nueva divinidad.

Y una persona cuyo amor siempre está fluyendo y que nunca está confinada por nada se vuelve vasta, tan vasta como el mismo cielo. En esa vastedad, uno sabe lo que es la divinidad. Esa vastedad es la divinidad.

DÍA **288** Vivir en el presente es la única forma de vivir. Y cuando vives en el presente sin pasado que te arrastre hacia atrás ni futuro que te arrastre hacia adelante, cuando tu energía total está concentrada en el momento, la vida adquiere una intensidad inmensa; se convierte en una relación de amor apasionada. Estás en llamas con tu propia energía, estás lleno de luz porque, a cierta intensidad, el fuego se convierte en vida, la intensidad se convierte en luz.

Y ésa es la única forma de ser rico, próspero.

DÍA **289** La única forma de ser rico es volverte disponible para la existencia, para todos los colores, para todos los arcoíris, para todas las canciones, para todos los árboles y flores, porque Dios no se encontrará en las iglesias, las iglesias son manufacturadas por el hombre. Dios se encontrará en la naturaleza. Lo encontrarás en las estrellas, en la tierra. Cuando llueva por primera vez y surja de la tierra la hermosa fragancia, ahí encontrarás la divinidad. Puedes encontrar a Dios en los ojos de una vaca o en la risa de un niño. Puedes encontrar a Dios en todos lados excepto en los lugares que han inventado los sacerdotes. Las iglesias, los templos, las mezquitas están vacíos, tan vacíos como la gente. Sé vulnerable, sé suave y abierto, no crees un caparazón alrededor tuyo como una protección. Permanece desprotegido, inseguro, y entonces el Reino de Dios será tuyo. Cuando uno esté listo para aceptar la vida como viene, sin condiciones, de pronto la divinidad correrá hacia él desde cada esquina y rincón. Estar lleno de divinidad es la única posibilidad de tener algún significado, alguna importancia en la vida.

El que ha conocido la divinidad, ha conocido la

inmortalidad. Y luego el cuerpo morirá; el centro esencial de su ser permanecerá por siempre jamás.

DÍA **290** La existencia entera sólo tiene un deseo, y es el deseo de la dicha. Por eso yo digo que la dicha es Dios y que no hay otro Dios. Los demás dioses son inventos del hombre, y es mejor deshacernos de ellos para poder mirar en la dirección correcta.

DÍA **291** El amor es el único puente hacia la victoria. Pero es un puente muy extraño, porque el primer requisito del amor es la rendición. Es victoria a través de la rendición; por lo tanto, tiene una belleza inmensa. No es agresiva, es receptiva; no gana conquistando, gana siendo conquistada.

Los que tratan de conquistar la existencia son tontos, no pueden hacerlo. El sabio se ha rendido ante la existencia; la ha invitado a conquistarlo. Tú no puedes poseer a la existencia, pero puedes permitir que ella te posea. Eso es el amor: te permite ser poseído. No es posesivo, no tiene deseos de poseer. Sólo anhela ser poseído, totalmente poseído, y así, en tu ser no quedará nada de ti.

DÍA **292** La vida no es insignificante; tiene un valor intrínseco. Pero se tiene que descubrir. Estamos inconscientemente, intuitivamente, instintivamente conscientes de ello. Tenemos el presentimiento de que debe haber algún significado, pero no estamos seguros. No ha salido a la luz; no tenemos ninguna prueba. El amor nos da prueba de ello. Uno no tiene duda alguna sobre lo significativo de la vida, sobre su importancia, sobre su gozo. Es sólo a través del amor que la gente ha descubierto, despacio, despacio, el significado último, la divinidad.

Es sólo a través del amor que han descubierto toda la ciencia de la meditación, porque en los momentos de amor, la mente se detiene. Cuando estás realmente enamorado, en esos momentos no piensas. El pasado desaparece, el futuro desaparece, el presente se vuelve todo, y eso es la meditación. El amor te da un destello de meditación, y a través de ella se abre una ventana a la existencia de la divinidad; por lo tanto, yo llamo al amor el fenómeno más divino de la Tierra.

DÍA **293** El amor es la forma más alta de la poesía, y con poesía no me refiero a nada literario. Para mí, la poesía es mucho más que componer poemas. Incluso alguien que no ha vivido una vida poética puede componer poemas, alguien sin gracia poética. Puede componer poemas porque, para componerlos, sólo necesitas cierta técnica. Será un técnico, no un poeta; y de 100 poetas, 99 son técnicos. Lo mismo sucede con todas las artes: de 100 músicos sólo uno es músico; 99 son sólo técnicos. Y lo mismo pasa con la escultura, la pintura, la arquitectura, con cada dimensión del arte.

El verdadero poeta no tiene ninguna necesidad de componer poesía, podría hacerlo o no. Un verdadero pintor puede o no pintar, pero su vida será colorida, su vida tendrá proporción, simetría, equilibrio. Él mismo será su propia pintura, él mismo será su propia poesía, él mismo será su propia escultura.

A eso me refiero cuando digo que el amor es poesía: te da una nueva dimensión; te vuelve más estético.

Te vuelve consciente de muchas cosas de las que antes no lo eras. Te vuelve consciente de las estrellas y de las flores, y del verde y del rojo y del dorado de los árboles. Te vuelve consciente de la gente, de sus ojos, de su rostro, de su vida. Cada persona es un inmenso fenómeno con posibilidades infinitas. Cada persona es una historia increíble, cada persona es una novela viviente. Cada persona es un mundo en sí misma.

DÍA **294** Muchas cosas son posibles, pero se tienen que volver posibles. Todo lo necesario para hacerlas posibles está disponible, pero uno tiene que trabajar en ello conscientemente. Es como si tuvieras mucha tierra y cantidad de semillas y agua y sol, pero nunca sembraras nada. Las flores no saldrán y tu tierra será un desierto. Crecerán el pasto y la hierba.

Ésa es una de las cosas más importantes que hay que recordar, que todo lo inútil crece por su cuenta, y lo importante tiene que trabajarse. Conseguir lo importante es una tarea cuesta arriba. Si no haces nada, crecerá hierba mala; llenará todo el terreno. Pero entonces no puedes esperar que haya rosas, y ésa era la promesa.

Todos llegan como una gran promesa, pero muy pocos la cumplen.

DÍA **295** No puedes existir sin el todo, y el todo tampoco puede existir sin ti. Que tú seas es prueba suficiente de que la existencia te necesita de cierta forma; estás satisfaciendo cierta necesidad.

Incluso la brizna de hierba más pequeña es tan necesaria como la estrella más grande. No hay jerarquía en la existencia. Nadie es superior, nadie es inferior, y nadie es más necesario ni menos necesario. Todo es necesario, porque la existencia significa la unidad de todo. Todos contribuimos con algo para la existencia, y la existencia sigue dándonos todo lo que necesitamos. Una vez que se entiende esta interdependencia, la vida empieza a tener un nuevo tipo de belleza y gracia. Ya no hay problemas. Los problemas los crea el ego; porque el ego es una entidad falsa, crea problemas. Vive en ansiedad, en miedo, siempre temeroso, siempre cauteloso: algo podría salir mal…

Cuando nos deshacemos del ego, nada puede salir mal. Nada nunca sale mal: todo está perfectamente bien como está. Ése es exactamente el significado de la existencia, que todo está bien como está.

DÍA **296** Todo lo maravilloso en la vida sucede sólo cuando eres lo suficientemente valiente para dejar de lado el ego, cuando te puedes parar en tu desnudez total, sin esconder nada, sin ser nada, sin ser nadie. Entonces, los milagros empiezan a suceder. Entonces el amor entra, se apresura, te llena, y empieza a desbordarse en ti. Y finalmente el propio amor se convierte en tu experiencia de existencia, tu experiencia de la verdad.

DÍA **297** La travesía comienza en el amor y termina en la luz o en la iluminación, y el puente es la oración.

Toda la peregrinación de la ignorancia a la sabiduría no es nada más que una peregrinación de oración. La oración significa: «Soy tan pequeño que nada es posible a través de mí a menos de que el todo me ayude». La oración es una rendición del ego ante el todo, rendición no por desesperación, sino por un entendimiento profundo. ¿Cómo podría la pequeña ola ir en contra del océano? El mero esfuerzo es absurdo. Pero eso es lo que está haciendo toda la humanidad. Todos somos pequeñas olas en el vasto océano de la consciencia. Llámese el océano de la consciencia de Dios, verdad, iluminación, nirvana, Tao, dharma, todo eso significa lo mismo, que somos parte de un océano infinito. Pero somos olas muy pequeñas, no podemos tener nuestra propia voluntad y no podemos tener nuestro propio destino. El mero deseo de tener nuestra propia voluntad y alcanzar algo a partir de nuestros propios deseos es la causa de la miseria.

La oración significa que al entender la futilidad de la voluntad humana, uno se rinde ante la voluntad divina. Uno dice: «Hágase tu voluntad, vénganos tu reino». Sólo es posible si hay un gran amor por la existencia. Por lo tanto, yo digo que la travesía empieza en el amor y termina en la iluminación. Y la mitad de la travesía consiste sólo en orar, en un desprendimiento profundo.

DÍA **298** Han pasado 2000 años desde Jesús, y la humanidad necesita otro salto cualitativo. Es sólo un ligero cambio: Jesús dice que Dios es amor, yo digo que el amor es Dios. Ese milagro es posible. Cuando dices que Dios es amor, Dios es más importante que el amor. Dios también puede ser muchas otras cosas; el amor sólo puede ser un aspecto. Dios puede ser sabio, omnipotente, omnisciente, omnipresente. Dios puede ser

1000 otras cosas; de esas 1000 cualidades, el amor es sólo una.

Pero mi experiencia es totalmente distinta: el amor es Dios, Dios es secundario, el amor es primordial. De hecho, la divinidad es sólo uno de los aspectos del amor, no al revés. Incluso podemos deshacernos de la idea de Dios y no se pierde nada. Si uno ama, es suficiente, porque el amor trae automáticamente una cualidad de divinidad a tu ser, algo del más allá y lo divino.

DÍA **299** La religión no es teología, es amor. La teología no es más que lógica; por eso se dice «logía». Y la lógica no tiene nada que ver con la religión, de hecho, está en contra de la religión.

La lógica es un ejercicio de la mente, sofisterías, palabrerías. Podrá crear hermosos edificios de palabras, pero son sólo castillos de arena, no tienen ninguna utilidad. Te podrán mantener ocupado, sirven al mismo propósito que cuando estás sentado en la playa y empiezas a jugar con la arena y hacer castillos sólo porque no tienes nada más que hacer. Podrás disfrutar la ocupación, pero no es benéfica en absoluto, es infantil.

Los teólogos nunca son personas maduras. Jesús no es un teólogo, Buda tampoco. Ningún verdadero maestro ha sido teólogo, sino amante, un gran amante. Ama toda la existencia. El amor es su oración, el amor es su alabanza, y por medio de él, se puede comunicar con la existencia, puedes tener un diálogo. Lo único que se necesita es una profunda relación de amor, una loca relación de amor.

DÍA **300** Yo no enseño ningún credo, sólo ayudo a mi gente a ser más consciente de todo lo que está dentro y fuera. Eso contiene toda mi enseñanza: sé consciente y vive de tu consciencia. Deja que tu consciencia sea decisiva. No le impongas ninguna disciplina exterior; deja que surja del interior, que brote. Y entonces siempre estará fresca, joven, viva. Y la vida se vuelve cada vez más intensa, apasionada; se inflama inmensamente con el gozo, la dicha, la bendición.

DÍA **301** Benditos los dichosos, porque ellos ya entraron al Reino de Dios. Sin saber que estaban entrando en el corazón de Dios, han entrado. De hecho, Dios nunca se puede encontrar directamente. No te puedes acercar a Dios directamente. No tiene dirección; tampoco tiene nombre, ni forma. Si buscas a Dios, nunca lo encontrarás. Es por este hecho que la humanidad se ha vuelto atea, despacio, despacio, porque la gente ha buscado a Dios y no lo ha encontrado. Buscaron, desperdiciaron su vida, y al final descubrieron que era un ejercicio totalmente inútil.

Pero toda la responsabilidad recae en los hombros de los sacerdotes, los papas, los *shankaracharyas*, los imanes, los ayatolas, la llamada gente religiosa. Van diciéndole a la gente que busque a Dios, ¡pero eso es un sinsentido patente! Yo digo que busques la dicha y encontrarás a Dios. Busca a Dios y no lo encontrarás, te volverás más miserable que nunca, porque no encontrar algo que has buscado toda la vida te frustrará mucho. Olvida todo sobre Dios, sólo busca la dicha. Encuentra las causas de tu miseria y deshazte de ellas, elimínalas de la raíz. Y quedarás sorprendido:

mientras te vas deshaciendo de las causas de la miseria, la dicha empieza a crecer en ti. Y en los momentos dichosos, te volverás consciente de una nueva presencia que te rodea, y no sólo a ti, sino a toda la existencia. Esa presencia es Dios. Dios no es una persona, sino una presencia. Dios no es Dios, sino divinidad.

DÍA **302** La dicha es algo interior, absolutamente individual, personal; la puedes encontrar dentro de ti, no necesitas a nadie más. Y una vez que la encuentres, serás victorioso. Entonces, la vida tendrá un gran esplendor. Entonces, todo el cielo de tu ser estará lleno de estrellas.

Y cuando uno sepa que no ha vivido en vano, entonces incluso la muerte será hermosa. Uno no muere renuentemente, uno muere en absoluta dicha. Entonces, la muerte es sólo un descanso.

Uno ha florecido, ha liberado su fragancia; ahora ha llegado el momento de descansar, de desaparecer en el todo.

DÍA **303** Lo más importante de la dicha es que es intrínsecamente una paradoja, y por su naturaleza paradójica, la naturaleza siempre ha sido malentendida. La paradoja es que el hombre debe hacer un gran esfuerzo, y aun así no sucede por el esfuerzo, siempre sucede como un regalo de la existencia. Pero sin esfuerzo, el hombre nunca llega a ser capaz de recibir el regalo. Aunque el regalo siempre esté disponible, el hombre permanece cerrado.

Así que todos los intentos humanos no son realmente la causa de alcanzar la dicha; no pueden causar dicha, sólo pueden eliminar las barreras. Es un proceso negativo. Es como si vivieras en una habitación cerrada, todas las ventanas y puertas cerradas: el sol sale, pero tú estás en tinieblas.

El sol no puede salir por tu esfuerzo. Hagas lo que hagas, no puedes hacer que el sol salga, pero puedes abrir las puertas o mantenerlas cerradas, eso depende de tu esfuerzo. Si abres las puertas, el sol se vuelve disponible para ti; de lo contrario, sólo espera a tu puerta, sin siquiera tocar. Puedes vivir en la oscuridad para toda la eternidad, y lo único que se necesitaba era eliminar las barreras entre el sol y tú. Con la dicha pasa exactamente lo mismo.

La existencia siempre va rociando dicha, es su naturaleza. La dicha es intrínseca a la existencia. No es algo que suceda de vez en cuando, no es estacional; es su naturaleza intrínseca, es su centro más profundo.

DÍA **304** Aprende a estar cada vez más consciente: de tu cuerpo, de tu mente, de tu corazón, de tus acciones, de tus sentimientos. Ésas son las tres dimensiones a las que se tiene que traer la consciencia. Y cuando estés consciente de las tres, serás consciente de la verdad, ésa es la consciencia misma.

DÍA **305** El hombre parece ser el único animal que no aprende de la experiencia. Ésa es mi observación. Incluso los burros aprenden. En árabe hay un proverbio que dice que ni siquiera un burro caerá dos veces en la misma zanja, pero ¿podrá el hombre hacer ese milagro? Él se puede caer mil veces en la misma zanja, ¿por qué decir dos o tres veces? Tantas veces como pase por la zanja,

¡caerá! Se dirá a sí mismo: «Tratemos una vez más, quizá las cosas hayan cambiado, quizá no sea la misma zanja, y ciertamente yo no soy el mismo. Mucho ha cambiado; la última vez era tarde y esta vez es temprano. ¿Y qué hay de malo en ello? Un intento más…». Sin duda, ésta es la observación más importante sobre el hombre, que nunca aprende de su experiencia. Se queda en un círculo vicioso; funciona como una máquina.

Para entrar al camino de la dicha, lo único que necesitas es aprender de tu experiencia. No repitas las mismas estupideces, la misma ira, codicia, celos, posesividad. No los repitas. Ya los repetiste demasiado y ya te quemaste las manos lo suficiente. Es tiempo de ser consciente, observador, alerta, y no caer en las viejas trampas una y otra vez.

Conforme te vuelves capaz de observación, te vuelves cada vez más capaz de ser libre de todas esas trampas. Llega un momento en el que eres absolutamente libre de todas las trampas y encarcelamientos, es el momento de la dicha. La dicha empieza a caer como flores del cielo, y sigue cayendo. Nuestra vida se convierte en una bendición para uno mismo y para los demás.

DÍA **306** Por lo general, no estás listo para recibir; tus puertas están cerradas, tu corazón está cerrado. Aunque la existencia gritara, no la escucharías. La existencia sigue tocando a tu puerta, pero nunca le abres; de hecho, ni siquiera crees que haya puertas. Sigues viviendo tu vida ordinaria, mecánica, inconsciente. Se necesita un esfuerzo para hacerte consciente, pero el esfuerzo sólo te puede hacer consciente, no te puede dar dicha. Cuando seas dichoso, eso significa que algo ha descendido de lo alto.

Los que han alcanzado la dicha han sentido que su esfuerzo ha limpiado su corazón, abierto sus puertas, eliminado todas las barreras. Y entonces, un día, de pronto algo empieza a caer de lo alto, de una fuente desconocida. Y cuando mires hacia atrás, podrás ver que tus esfuerzos eran diminutos. No podrás decir que este inmenso éxtasis sea resultado de tus esfuerzos diminutos; y aun así eran necesarios, eran esencialmente necesarios, no se pueden evitar.

DÍA **307** Nuestras raíces están en nuestro centro. Si somos hierba, las raíces están en el centro; y si quisiéramos convertirnos en rosas, tendríamos que cultivar raíces de rosales en el centro. Entonces, la circunferencia conocería el follaje y las flores y la fragancia. Pero no puedes pasar de la circunferencia al centro; el movimiento siempre va del centro a la circunferencia. La circunferencia es sólo una sombra. Y es así porque, durante años, la gente religiosa, los moralistas, y todo tipo de reformistas, han tratado de cambiar la circunferencia y crearon un desastre en la humanidad; el centro sigue siendo el mismo.

Las raíces son de hierba y en la circunferencia esperamos que crezcan rosas; nunca crecerán. Pero, si somos maliciosos, entonces podemos comprar rosas de plástico y decorar la circunferencia. Podemos engañar a los demás y finalmente podemos engañarnos a nosotros mismos. Pero las flores de plástico no son flores de verdad. Eso es el supuesto carácter moral: puro plástico, sintético. El carácter verdadero no se tiene que cultivar, no se tiene que practicar; es consecuencia natural de la meditación.

DÍA **308** ¡Muere para renacer! Ése es el significado del símbolo cristiano de la cruz. Pero los cristianos han olvidado el significado del símbolo, como todas las religiones han olvidado el mensaje de sus fundadores.

Los budistas han perdido a Buda, los cristianos han perdido a Cristo, los mahometanos han perdido a Mahoma. Es un fenómeno muy extraño que los seguidores hagan algo totalmente opuesto.

Se siguen llamando a sí mismos cristianos, pero en realidad están matando el propio espíritu de Cristo. A Cristo no lo sacrificaron los romanos y los judíos. Ellos no podían matarlo, sólo mataron el cuerpo. Pero si quieres saber en dónde ha sido crucificado exactamente, ese lugar es el Vaticano: lo han crucificado los papas. Lo han estado matando constantemente.

La cruz no tiene nada que ver con un significado literal, la cruz simplemente significa meditación. Simplemente significa morir para el ego; de ahí la historia de que Jesús resucitó al tercer día. Entre la muerte y la resurrección hay una brecha de tres días. Esos tres días simplemente representan el cuerpo, la mente y el corazón.

Primero el cuerpo muere. Empiezas a dejar de lado la idea de un cuerpo separado; puedes ver su estupidez. A cada instante, la existencia va vertiendo nueva energía en ti, ¿cómo puedes pensar en ti mismo como separado? Si se corta tu respiración, ¡estarás muerto! Y no sólo es la respiración: todos los días introduces alimento y bebida, todos los días eliminas todo lo que ha muerto; la vida sigue vertiendo hacia adentro y lo muerto sale del cuerpo. El cuerpo es como un río que continuamente va adquiriendo más vida y dejando todo lo muerto. Eso representa la primera muerte, el primer día.

Luego la mente, que es un poco más sutil, los pensamientos también vienen del exterior. Al igual que el aire y el agua y el alimento vienen del exterior, tu mente sigue recopilando pensamientos de todos lados. La mente muere como una entidad separada.

Y luego sucede lo más sutil, al tercer día —esos tres días sólo son simbólicos—: sentimientos, emociones, el corazón muere. Entonces viene la resurrección. En Oriente la llamamos el nacimiento del cuarto, *turiya*: *turiya* significa el cuarto. Cuando esos tres han desaparecido, se han vuelto uno con la existencia, de pronto te vuelves consciente de un ser que no es tuyo, que es universal. Eso es la resurrección.

DÍA **309** La meditación no es actividad en absoluto, es pura consciencia. Pero sucede un milagro, el mayor milagro de la vida. Si sigues observando, empiezan a suceder cosas increíbles. Tu cuerpo se vuelve grácil, ya no está inquieto, tenso. Tu cuerpo empieza a convertirse en luz, sin carga; puedes ver enormes pesos, pesos montañosos que caen de tu cuerpo. Tu cuerpo empieza a volverse puro de todo tipo de toxinas y venenos. Verás que tu mente ya no está tan activa como antes; su actividad empieza a disminuir y surgen lapsos, lapsos en los que no hay pensamientos. Esos lapsos son las experiencias más hermosas, porque a través de ellos empiezas a ver las cosas como son, sin interferencia de la mente. Despacio, despacio, tus humores empiezan a desaparecer. Ya no eres ni muy alegre ni muy triste. La diferencia entre la alegría y la tristeza disminuye.

Pronto se alcanza un momento de equilibrio en que no estás ni triste ni alegre. Y es cuando se siente la dicha. Esa tranquilidad, ese silencio, ese equilibrio, es dicha. Ya no hay cimas ni valles, ya no hay noches oscuras ni noches de luna llena: todos esos polos opuestos desaparecen. Te empiezas a establecer exactamente en el medio.

DÍA **310** Cuando desaparezcan todos los deseos, ya no regresarás al cuerpo, te quedarás en la consciencia universal como parte de la infinidad. Eso es a lo que en Oriente llamamos nirvana, el estado último de consciencia: cuando no se necesita un cuerpo, no se necesita estar encarcelado otra vez. Lo llamamos la libertad última, porque estar en un cuerpo es sumisión. Por supuesto, es algo muy limitado y tú eres ilimitado: es forzar lo ilimitado en el mundo tan limitado y pequeño del cuerpo. Por eso hay constante tensión, intranquilidad, y uno se sigue sintiendo paralizado, aplastado, lleno de gente, encarcelado, encadenado.

Uno podrá no estar exactamente consciente de ello, pero todo mundo siente vagamente que algo está mal. Esto es lo que está mal: somos infinitos y tratamos de existir a través del diminuto mundo del cuerpo.

La consciencia te libera del cuerpo. Y cuando sabes que no eres el cuerpo, en ese instante todos los deseos que se pueden satisfacer con él también desaparecen. Es como iluminar un cuarto oscuro: la oscuridad desaparece. La consciencia funciona como la luz y los deseos no son más que oscuridad.

DÍA **311** Mi intención no es darte un tipo formal de religión, ni darte una iglesia o un dogma al cual aferrarte, sino darte un nuevo ser, una nueva humanidad, una nueva consciencia. Uno tiene que pasar por dos cosas. La primera es la muerte, la muerte de lo viejo, del pasado, la muerte de la forma en que has vivido hasta ahora. Y la segunda es un renacimiento.

Empieza de nuevo, como si hubieras nacido hoy. No es sólo una metáfora, es así. Naciste hoy. Deja que esto entre al fondo de tu corazón para que te puedas desconectar del pasado. Entonces la noche habrá acabado y el sol habrá salido en el horizonte.

DÍA **312** Cuando el corazón se enamora, la mente dice: «Es ceguera», y cuando el corazón calcula, se mueve hacia alguna dirección, la mente siempre encuentra los errores. Tienen mundos diferentes. Los cálculos del corazón no son lógicos, son intuitivos; salta de un punto a otro. Y la mente atraviesa un proceso detallado, paso a paso. La mente piensa que el corazón es un tonto y cree que la gente que vive con el corazón es tonta. A Jesús lo llamaron tonto en su vida. A San Francisco lo llamaron tonto en su vida, tanto que se empezó a llamar a sí mismo tonto, ¡por qué preocuparse por los demás!

El corazón siempre siente que la mente no es más que un judío: siempre calculando, aritmético, matemático, calculador, malicioso, listo; no sabe nada de simplicidad, de inocencia, de amor. Siempre está contando el dinero, siempre pensando en términos absolutamente mundanos. El corazón condena profundamente a la mente; la ve como mundana. Y la mente condena profundamente al corazón; lo ve como loco, demente, tonto, infantil.

Y el cuerpo tiene su propio camino; él es su propio camino. La mente cree que el celibato es bueno, puede prolongar tu vida, es religioso. Y el cuerpo se ríe en lo profundo: «Sigue creyendo eso y te enseñaré cuando llegue el momento. Veré cuánto tiempo puedes permanecer célibe. Causaré muchos conflictos». Y sí crea conflicto y la mente tiene que inclinarse ante el cuerpo. Y el conflicto continúa, es un triángulo en el que todos son capturados.

Todo el proceso de la meditación es ayudar a todas esas fuerzas en conflicto a encontrarse, a fusionarse, a volverse armoniosas entre sí. Entonces estarás lleno de energía, porque toda esa energía que se desperdiciaba en el conflicto innecesario se vuelve disponible para ti. Y es esa energía la que se convierte en alas y te lleva al más allá.

DÍA **313** Toma toda la responsabilidad de tu vida. Si es fea, hazte responsable de ella. Si no es más que angustia, hazte responsable de ella. Al principio es difícil de aceptar: «Soy la causa de mi propio infierno», pero sólo al principio. Pronto se empiezan a abrir las puertas de la transformación, porque si soy responsable de mi infierno, entonces también puedo crear mi propio cielo. Si he creado tanta angustia para mí mismo, también puedo crear mucho éxtasis. La responsabilidad trae libertad, y la responsabilidad trae creatividad.

Cuando ves que todo lo que eres es tu propia creación, quedas liberado de todas las causas y circunstancias exteriores. Ahora depende de ti: puedes cantar una hermosa canción, puedes bailar una bella danza, puedes vivir una vida de celebración. Tu vida puede ser un constante festival y nadie puede perturbarte. Ésa es la dignidad humana.

DÍA **314** La verdad significa experiencia. La verdad nunca es una creencia. Las creencias siempre son mentiras. Pueden hacer tu vida un poco más cómoda, eso es todo; son como tranquilizantes. La verdad despierta. Y el hombre necesita despertar, no necesita tranquilizantes para caer en un sueño profundo. Pero durante siglos el hombre ha estado atraído por el alcohol y otros tipos de sustancias tóxicas, por drogas psicodélicas; desde el tiempo del Rig Veda hasta ahora, ha sido adicto. En tiempos de los vedas era adicto al soma y ahora es adicto al LSD, no hay diferencia. Todas esas sustancias tóxicas, psicodélicas, alcohólicas o lo que sean, son sólo intentos por evadir la verdad.

Evadir la verdad es seguir siendo miserable. Sí, podemos crear una vida rodeada de miseria que sea un poco cómoda, pero es estúpida. Podemos tener una vida absolutamente dichosa, pero sólo es posible si nos deshacemos de las mentiras y buscamos la verdad. Y el primer requisito para la búsqueda es no cargar ninguna idea *a priori*. Muévete en la ignorancia absoluta, sin saber nada. Cuando alguien se mueve en un estado de desconocimiento, conocerá la verdad, y la verdad trae dicha.

DÍA **315** No es sólo que estemos escondiendo nuestra desnudez física tras la ropa, eso no es nada, también escondemos nuestra realidad detrás de muchas, muchas capas. Queremos parecer hermosos y escondemos la fealdad; queremos parecer conocedores y escondemos la ignorancia. Pero recuerda, todo lo que escondas permanecerá; tú seguirás siendo aquél al que escondiste dentro. Nunca serás aquél que pretendes ser.

Es mejor dejar de lado toda hipocresía. Yo no te enseño a renunciar al mundo, te enseño a renunciar a la hipocresía. Es a lo único que hay que renunciar; todo lo demás sucede por sí mismo. Sé sincero, auténtico, veraz. Acepta lo que eres, porque, si no te aceptas, no te expondrás. La existencia siempre hace la curación, pero tienes que permitirla: le tienes que enseñar la herida, dónde duele. No puedes engañar al médico; le tienes que decir todo, sea lo que sea, por más feo que sea. Tienes que mostrar tus heridas; sólo entonces se puede extraer el pus, sólo entonces la existencia puede ayudar en el proceso de curación.

DÍA **316** Al crear un personaje, uno se vuelve falso, y dividido también. Uno se convierte en dos personas, porque el propio método de crear un personaje es el de la represión, no hay otro. Has reprimido tu naturaleza y tienes que actuar de acuerdo a ciertos principios que deciden otros. Los demás te dicen qué está bien y qué está mal, lo que es bueno o malo. Ellos ya te dieron diez mandamientos y tú tienes que seguirlos. ¿Entonces, qué harás con tu naturaleza?

Lo único que puedes hacer es reprimirla, descuidarla, ignorarla. Pero así no se puede cambiar la naturaleza; ella sigue fastidiando desde adentro y obligándote a ir en contra del personaje que has cultivado, de ahí toda la hipocresía. Es muy raro encontrar una persona religiosa que no sea hipócrita. Y sólo una persona que no sea hipócrita es realmente religiosa.

La hipocresía significa que finges ser alguien que no eres. Lo sabes, duele; de ahí surge la tristeza. Todo el mundo está lleno de tristeza, porque todo el mundo ha sido obligado a crear un personaje moral. Mi intención aquí es la opuesta. No me interesa ningún personaje, ni la moral en absoluto. No estoy diciendo que seas inmoral; estoy diciendo que seas consciente, que crees consciencia. Y para eso sirve la meditación. Es un método para crear consciencia. Te vuelve más alerta, más consciente, y conforme te vas volviendo así, tu vida empieza a cambiar.

DÍA **317** El hombre ha vivido siglos en la mentira; una mentira hermosa, pero mentira. Seguimos creyendo en el cielo y el infierno, en Dios, en la inmortalidad, en el alma, pero todas ésas son creencias, y las creencias son mentiras. No sabes nada sobre ti mismo, si hay un alma interior o no. Y no es cuestión de argumentar: incluso aunque se pruebe lógicamente que tienes alma, eso no hará ninguna diferencia a tu calidad de vida. O si se demuestra que no hay alma, eso tampoco hará ninguna diferencia.

Hay teístas, hay ateos, y viven casi la misma vida, la misma estúpida vida, sin cambio cualitativo. Hay gente que cree que Dios existe y hay gente que cree que Dios no existe, pero si observas sus vidas, no hay diferencia alguna. Entonces, ¿cuál es el punto de esos argumentos? Es fútil. Lo único que importa es la experiencia, no la argumentación.

Si ni siquiera sabes si el alma existe dentro de ti o no, ¿qué más podrías saber? ¿Cómo puedes conocer a Dios, el cielo y el infierno y todo ese sinsentido? Lo más cercano a ti es tu alma, ¡y ni siquiera la has explorado! Y hablas de algún cielo por allá arriba, y de algún infierno allá abajo. No tienes idea de lo que estás hablando. En las iglesias y templos y mezquitas, la gente discute continuamente, se dan discursos sobre cosas grandiosas, y a nadie le importa lo más simple: saber quién es.

DÍA **318** La gente vive mentiras cómodas. No quieren la verdad, quieren consuelo, consuelo acogedor; por lo tanto, se siguen aferrando a supersticiones, a tradiciones, a convenciones, porque todo lo viejo tiene cierto prestigio, cierto crédito en el mercado. Dicen que todo lo viejo es oro. No es así: lo viejo parece oro sólo para los tontos, para los cobardes.

La vida es nueva a cada instante, nunca es vieja. La existencia siempre está aquí y ahora. No tiene nada que ver con el pasado ni con el futuro. Cuando tú también estés aquí y ahora, se dará un encuentro, y ese encuentro se convierte en la verdad. Por supuesto que hará añicos muchas ilusiones, muchas ideologías. Hará añicos todas tus concepciones, todas tus creencias a priori, porque la verdad no encaja contigo, no se puede amoldar a ti y tus ideas sobre ella. Tú tienes que estar listo para encajar con la verdad.

Eso es a lo que llamo amor por la verdad: estar listo para ir con ella hacia donde ella diga. Y uno está listo para deshacerse de todo lo que sea necesario. Eso sólo es posible si hay amor por la verdad. El amor lo puede todo, el amor puede sacrificarlo todo. Y la verdad requiere sacrificio total, compromiso total.

DÍA **319** El hombre moderno vive en tal prisa que no se puede sentar, no puede descansar. Se ha vuelto incapaz de descansar. Y cuando eres incapaz de descansar, eres incapaz de todo lo que es valioso. La realidad es que no necesitamos preocuparnos tanto por nada. La vida es eterna. Siempre hemos estado aquí y siempre estaremos aquí; somos inmortales. El cuerpo cambiará, la mente cambiará, pero nosotros no somos ninguno de los dos: ni el cuerpo ni la mente.

Es sólo en meditación profunda que descubrimos el simple hecho de que no somos ni el cuerpo ni la mente, somos consciencia. Somos testigos de todo el juego. Una vez que conozcas al testigo, habrás probado parte del néctar que buscaban los alquimistas.

DÍA **320** Tenemos que desautomatizarnos, tenemos que disminuir la velocidad en cada acto. Así que tienes que estar consciente: cuando camines, no camines al viejo ritmo, a la velocidad anterior; disminuye el paso, tanto que tengas que estar alerta, de lo contrario volverá a ganar velocidad, porque es automático.

Buda insistía en que sus discípulos caminaran muy

despacio, por la sencilla razón de que si caminas despacio, tienes que estar en alerta constante. Cuando dejas de estar alerta, empiezas a caminar como antes, rápido. La máquina vuelve a funcionar. Les decía a sus discípulos que respiraran muy despacio, por la sencilla razón de que si respiras despacio tendrás que volverte consciente de la respiración.

Así que hazlo todo en silencio, despacio, en paz, con gracia, para que cada acto se convierta en una meditación consciente. Si podemos transformar nuestros actos en meditación, si podemos esparcir la meditación en toda nuestra vida, de la mañana a la noche... Cuando te despiertes, recuerda lo primero: sal de la cama, pero muy alerta. Al principio se te olvidará muy seguido; recuérdatelo una y otra vez. Despacio, despacio, uno agarra el truco. Una vez que sepas cómo estar consciente en tu vida diaria, tendrás la llave secreta. Y eso es lo más importante. No hay nada más valioso que esa llave secreta.

DÍA **321** La gente triste ha dominado todo el pasado. La gente triste disfruta mucho dominar al resto. No tienen otro gozo; su único gozo es aplastar a los demás y su libertad, su único gozo es hacer que cada vez más gente pierda el gozo. Son muy celosos y están enojados con los que están contentos, con los que cantan y bailan y se regocijan. Esa gente triste ha destruido tanto que es casi inestimable. Nadie le ha hecho tanto daño a la humanidad como esa gente, y son los papas, los *shankaracharyas*, los ayatolas, los imanes. Los sacerdotes de todas las religiones han estado en contra de la humanidad.

Mi intención es crear un hombre nuevo, y un hombre nuevo sólo se puede crear con una visión nueva; un hombre nuevo sólo es posible con una nueva visión de religiosidad. Yo enseño una religión de amor, de risa, de celebración. Mi propia experiencia es que cuando eres dichoso estás conectado a la existencia. Así que yo enseño la dicha, dicha y nada más.

DÍA **322** Recuerda dos palabras: una es *gravedad*, y la otra es *gracia*. La gravedad es la ley de la Tierra, jala las cosas hacia abajo. La gracia es la ley del cielo, jala las cosas hacia arriba. La ciencia descubrió la gravedad; la religión descubrió la gracia.

Por lo general, nacemos y vivimos bajo la ley de la gravedad. Toda nuestra vida es un jaloneo hacia abajo. Empezamos con el nacimiento y terminamos con la muerte. Empezamos completamente vivos y terminamos como cadáveres. Ése es el flujo hacia abajo. A menos de que empecemos a movernos hacia adentro, la gracia, la segunda ley, no puede funcionar. Si seguimos identificados con el cuerpo, entonces la ley de la tierra prevalece; el cuerpo es parte de la tierra.

Cuando uno empieza a moverse hacia adentro —de eso se trata la meditación— nos volvemos conscientes de algo que no es parte del cuerpo. Está en el cuerpo, pero no es el cuerpo. El cuerpo es sólo un templo, no es la deidad. Una vez que te vuelvas consciente de la deidad interior que reside en el cuerpo, la segunda ley empezará a funcionar inmediatamente: algo te jalará hacia arriba. La vida se volverá cada vez más abundante, cada vez más rica, y cada vez más infinita, perfecta. Se moverá hacia el cielo, se empezará a volver tan vasta como el cielo, incluso el cielo no es el límite. Pero el secreto está en la meditación.

DÍA **323** El cuerpo tiene un límite, está confinado entre la vida y la muerte; y lo mismo pasa con la mente. La mente no está separada del cuerpo. Es su aspecto interior; la parte interior del cuerpo es la mente, la parte exterior de la mente es el cuerpo. Todas las lenguas tienen que cambiar tarde o temprano con respecto a las palabras *cuerpo* y *mente*. Las lenguas dan una idea falsa de que son entidades separadas. No es *cuerpo* y *mente*. Lo verdadero es *cuerpomente*. Es una sola palabra, una realidad. Al igual que cada moneda tiene dos aspectos y cada muro tiene dos lados, lo mismo sucede con el *cuerpomente*. El cuerpo está limitado, la mente está limitada; por lo tanto, le temen a la muerte.

El cuerpo no puede tener miedo porque es inconsciente, pero la mente sí. La mente tiembla constantemente. El miedo es que tarde o temprano llegará el alto total. Y más que el alto total, el problema es que no hemos logrado nada aún, y la vida se va por el desagüe; a cada instante la muerte se acerca más y la vida se nos escapa de las manos. De ahí el miedo, la ansiedad, la angustia. Pero más allá del complejo cuerpomente, afortunadamente, hay algo más en nosotros, y es la consciencia. La consciencia es ilimitada, es oceánica, es vasta. El cuerpomente es sólo como una gota de rocío, y la consciencia es como un océano infinito. El cuerpomente empieza en el momento del nacimiento y termina en el momento de la muerte, pero la consciencia no tiene principio ni fin.

Conocer esta consciencia es liberarse de todo el

miedo, la ansiedad, la angustia. Conocer la consciencia es volverse inmortal, eterno, atemporal.

DÍA **324** El valor ordinario no basta, se necesita un valor total, porque uno casi tiene que morir, morir para el pasado, para que lo nuevo pueda nacer. Es un renacimiento. Pero se puede manejar, no es imposible. Tenemos el potencial para hacerlo.

La existencia sólo te exige lo que *puedes* hacer; nunca te exige nada imposible; difícil y arduo, sí, por supuesto, pero no imposible. Es inmensamente gratificante. Cuando uno pasa de la mente a la no-mente, uno pasa a través de la muerte deliberadamente. La emoción es inmensa y la sorpresa es infinita.

Por primera vez, uno empieza a experimentar la vida en su belleza total. Esa experiencia es la divinidad.

DÍA **325** La transformación sólo es posible cuando las 24 horas de tu día se convierten en una meditación constante, en un continuo. Así, cualquier cosa que hagas, estarás meditando, al caminar, al comer, al escuchar, al hablar, estarás meditando. Para mí, la meditación simplemente significa consciencia, no repetir un mantra. Porque, ¿cómo puedes repetir un mantra? Si estás trabajando y repites un mantra, perturbarás tu trabajo. Si estás haciendo algo significativo también puede ser peligroso; estarás dividido.

Con meditación quiero decir simplemente consciencia. Lo que sea que estés haciendo, tienes que estar completamente consciente de cada acto, físico, mental, emocional. Al caminar, estás consciente de ello; al correr, estás consciente de ello; al nadar, estás consciente de ello. Al comer no sólo te estás llenando inconscientemente y pensando en mil otras cosas: estarás comiendo sin hacer nada más en ese momento, estarás totalmente en el acto, alerta, consciente. Entonces, la meditación se convierte en un fenómeno de 24 horas.

Un día sucede un milagro, y es que uno puede dormir en consciencia meditativa. El cuerpo duerme, pero en algún lugar profundo continúa una corriente de consciencia: estás consciente de que estás dormido. Un fenómeno muy paradójico, pero sucede. Un día, la meditación llega a su fin, se conoce por completo.

DÍA **326** No es accidental que la gente mayor se vuelva un poco amargada. Es muy difícil vivir con gente mayor, incluso aunque sean tus padres. Es muy difícil por la sencilla razón de que toda su vida se ha ido por el desagüe: se amargan. Aprovechan cualquier oportunidad para sacar su negatividad. Empiezan a hacer catarsis y a escandalizarse por todo. No toleran que los niños sean felices, que bailen, canten y griten todo el día, no lo pueden tolerar. Los molesta porque ellos han desperdiciado su vida. Y cuando dicen: «No nos molesten», simplemente están diciendo: «¡Cómo se atreven a ser tan felices!». Están en contra de los jóvenes, y todo lo que hagan los jóvenes, los viejos creen que está mal.

De hecho, simplemente los amarga todo este asunto llamado vida. Y siguen buscando excusas; es muy raro encontrar a un viejo que no esté amargado. Si hay alguno que no esté amargado, significa que ha vivido con hermosura, que realmente ha madurado. Entonces, el viejo tiene una inmensa belleza que ningún joven puede tener. Ha llegado a la madurez, es experimentado. Ha visto tanto y vivido tanto que está inmensamente agradecido con la existencia. Pero es muy difícil encontrar ese tipo de viejo, porque significa que es un Buda, un Cristo, un Krishna.

Sólo alguien que ha despertado puede no estar amargado en la vejez, porque la muerte se acerca, la vida ya se fue, y entonces, ¿qué razón hay para estar contentos? Uno simplemente está enojado. Habrás oído de gente enojada, jóvenes enojados, pero en verdad ningún joven puede estar tan enojado como un viejo. Nadie habla de los viejos enojados, pero mi propia experiencia —he observado a jóvenes y a viejos— es que nadie puede estar tan enojado como un viejo.

La amargura es un estado de ignorancia. Tienes que trascenderla, tienes que aprender de la consciencia que se convierte en el puente que te traslada. Y esa trascendencia es la revolución. Cuando realmente has trascendido todas las quejas, todos los noes, surge un inmenso sí —sólo sí, sí, sí— y hay una gran fragancia. La misma energía que era amarga se convierte en fragancia.

DÍA **327** La evolución es un fenómeno inconsciente. Es un fenómeno natural. El científico dice que el hombre nació como un pez en el océano; han pasado millones de años entre la época del pez y la del ser humano. El hombre tuvo que atravesar todo tipo de etapas animales, la última etapa antes del hombre fue algo como el simio, el mono.

Todo esto ha sucedido inconscientemente; no se ha hecho ningún esfuerzo deliberado. Pero desde que el hombre es hombre, el proceso evolutivo parece haberse detenido. Parece haber llegado a su culminación, porque el hombre ha sido hombre por miles de años y no se ha dado un mayor crecimiento. Eso demuestra una cosa, que la naturaleza ha hecho todo lo que podía; ahora tenemos que tomarlo en nuestras manos. Tenemos que pasar de la evolución a la revolución.

La evolución significa inconsciencia, y la revolución significa consciencia. La evolución es crecimiento, pero dado que es inconsciente, entonces toma millones de años. La revolución también es crecimiento, pero como es consciente es un salto cualitativo, como un gran brinco. No es gradual, no vas despacio, paso a paso. Todo depende de ti, de qué tan valiente seas. Incluso en un solo paso uno puede pasar de ser humano a dios, a buda, a cristo, en un sólo salto. Todo depende de tu intensidad, de tu compromiso, de tu involucramiento, de tu totalidad.

DÍA **328** En una mejor sociedad humana, le diremos a todos los niños: «Tienen las semillas del amor, de la dicha, de la verdad, pero son semillas. Toda tu vida tiene que ser un gran esfuerzo por sembrar las semillas, por aprender el arte de cultivar, de ser paciente, de esperar a que las semillas broten, y luego a cuidar a las plantas y a esperar en oración la estación correcta en que florezcan».

Y eso es lo que nosotros estamos haciendo aquí. Es un experimento de cultivo interior, de jardinería interior, de agricultura interior. Pero lo primero es el choque de que hasta ahora hemos vivido en vano, y que todo lo que has hecho se ha hecho por ideas equivocadas. Tenemos que borrar el pizarrón para dejar de lado todo el pasado. Un sannyasin tiene que empezar desde cero. Sannyas es un nacimiento nuevo: es como si hubieras nacido hoy y ahora tienes que empezar a vivir. Olvida el pasado, no sigas cargándolo. No te ha dado nada. Ha sido trágico, no hay necesidad de seguir cargándolo. Libérate de él para que puedas experimentar de nuevo.

DÍA **329** Todo mundo nace ciego y todo mundo tiene la capacidad de no serlo. Todo mundo nace ciego porque en el nacimiento somos inconscientes. Es sólo a través de la vida y sus experiencias, buenas y malas, dolorosas y gozosas, que despertamos poco a poco. Es sólo a través de una vida rica, y con rica me refiero a una vida vivida. El que ha estado en el meollo de la vida, un día será capaz de abrir los ojos.

En ese preciso momento uno atraviesa una transformación radical. Entonces, la vida ya no vuelve a ser la misma.

DÍA **330** El hombre es ciego, no porque no tenga ojos, sino porque sus ojos tienen mucho polvo. Se tiene que quitar el polvo para que desaparezca la ceguera. El hombre es como un espejo y es natural acumular polvo. Lo único que se necesita es una limpieza constante del espejo. De eso se trata la meditación, del arte de limpiar el espejo interior de tu consciencia.

La meditación tiene que volverse como comer, beber, tomar un baño, dormir: una parte natural de tu vida, de tu vida ordinaria, nada especial, nada espiritual, nada de qué jactarse. Sólo entonces, despacio, despacio, la ceguera desaparece; uno se vuelve capaz de ver.

DÍA **331** Cuando despertamos, toda la miseria y el sufrimiento parecen tan absurdos, tan tontos, tan ridículos, que uno se pregunta: «¿Por qué sufría? ¿Y qué era el sufrimiento? Todo el tiempo que sufrí, y todo era falso. No tenía sustancia; era sólo una idea, un sueño».

Por lo tanto, los místicos llaman a nuestro mundo una ilusión, *maya*. Recuerda, el sufrimiento es ilusorio, la dicha es nuestra verdadera naturaleza. Recuérdalo una y otra vez.

DÍA **332** El hombre puede existir de tres formas: como animal, como ser humano o como dios.

La gente ordinaria vive como animal; no hay mucha diferencia. La única diferencia es que el hombre es peor que otros animales; puede caer más bajo que cualquier otro animal. Es más malicioso y más corrupto. Hace mal uso de sus capacidades. En lugar de ser creativo, se vuelve destructivo…

Adolf Hitler se pudo haber convertido en buda, tenía el mismo potencial. Judas pudo haber sido un Jesús, tenía el mismo potencial, la misma energía. Pero la energía es neutral; depende de cómo la uses, de cómo decidas y elijas usarla. La vida es tu elección. Eres libre de elegir, pero no eres libre de no elegir: tendrás que elegir de una forma o de otra. Incluso no elegir es una forma de elección. Es inevitable, no puedes evitarlo. Así que la gente que existe en el nivel inferior es la gente que no ha escogido: escoger significa lucha, esfuerzo, es una tarea cuesta arriba, por lo que parece mejor no elegir y permanecer como uno nació.

Uno nace como animal. Muy pocos se convierten en seres humanos. La humanidad sólo existe en nombre, aún no ha llegado. Sólo aquéllos que han elegido, que han decidido su destino, que tienen sentido de dirección, que son creativos, que están en descubrimiento constante, explorando nuevas formas de ser y crecer, que no se satisfacen con lo instintivo, que quieren ser inteligentes en su modo de vida, son humanos. Son seres humanos.

DÍA **333** El hombre vive mecánicamente, sólo como un sonámbulo: sigue haciendo cosas, pero como un robot. Si empiezas a observar tus actos, te sorprenderá que sigues cometiendo los mismos errores todos los días. Has decidido muchas veces no cometerlos, pero esas decisiones no tienen sentido. Cuando vuelve a presentarse la situación, reaccionas inmediatamente según el viejo patrón: no sabes cómo responder.

Esas dos palabras son importantes. *Reacción* significa mecánico, inconsciente, y *respuesta* significa no mecánico, consciente. Respuesta significa según la situación y reacción significa actuar según el viejo patrón. Reacción significa seguir respuestas prefabricadas, seguir un programa dado, dictado y dominado por el pasado, eso es reacción. Y vivir en el momento, sin interferencia alguna del pasado, es respuesta.

DÍA **334** La única diferencia entre el animal y el humano es que el animal es absolutamente inconsciente y el humano está un poco consciente. Y la única diferencia entre el humano y el ser divino es que el ser divino está absolutamente consciente. El hombre existe entre la absoluta inconsciencia de los animales y la absoluta consciencia de los budas, de los dioses. Te pueden jalar hacia abajo, volver a caer en la oscuridad, o puedes empezar a escalar.

DÍA **335** El cuerpo consiste en oscuridad y el alma en luz. Donde se encuentran la oscuridad y la luz es el territorio de la mente. Así que la mente tiene un poco de luz y un poco de oscuridad; por lo tanto, la mente siempre está en tensión, porque la jalan hacia dos direcciones opuestas.

El cuerpo jala hacia sí, el alma también. Y ambas son fuerzas magnéticas similares, así que la mente sigue colgando en medio. A veces escoge al cuerpo, a veces escoge al alma. Pero escoja lo que escoja, siempre estará la sensación de que está mal, porque se dejó fuera lo otro. Hay una sensación de que algo falta. La mente vive continuamente en elección y cada decisión será sólo la mitad, la otra mitad se vengará. Por lo tanto, la mente es ansiedad, angustia.

Toda mi intención es ayudarte a trascender la mente. La mente no se puede volver parte ni del cuerpo ni del alma. Uno tiene que salir de la mente para estar libre de tensión. A menos de que uno trascienda la mente, de que la supere, no puede sentir paz. No existe la paz mental. La gente habla de paz mental, es un sinsentido. La mente implica que no hay paz, la no-mente implica paz. Así que la expresión correcta sería «paz no-mental», entonces estarás centrado en tu ser real.

DÍA **336** La mente discute, pero nunca llega a ninguna conclusión; el corazón nunca discute y conoce la conclusión. Así es como funciona; es uno de los misterios de la vida. La mente es muy ruidosa, pero todo el ruido es inútil; el corazón es silencioso, pero cumple.

Desplázate de la cabeza al corazón, de la discusión a la no-discusión, y la vida de pronto se convierte en un fenómeno nuevo, lleno de importancia y significado, de belleza y fragancia, lleno de luz y de amor. Y todo eso junto es el significado de la divinidad.

DÍA **337** Los pensamientos son como la oscuridad, aparecen igual que la oscuridad. Se ve tan real, pero sólo lleva luz y ya no estará ahí. Es sólo una apariencia, algo muy ilusorio.

Por eso no puedes hacer nada directamente con la oscuridad: no puedes echarla, no puedes meterla. No se puede hacer absolutamente nada directamente con la oscuridad, porque no existe. No tiene peso, es sólo ausencia de luz. Así que cuando entre la luz, con su presencia, la ausencia desaparecerá.

Lo mismo pasa con la mente: la mente es ausencia de meditación. Cuando entras en meditación, la mente desaparece como la oscuridad. Y sólo entonces uno sabe que ha vivido en un mundo muy ilusorio. La mente es el mundo en el que vivimos. El mundo real está lejos de nosotros. La mente está entre nosotros y lo real, y sigue distorsionando lo real, interpretándolo, proyectándose en él. Nunca te permite ver la realidad, nunca te permite ni siquiera ver tu propio yo. Se vuelve tan importante que te enfocas en ello, y las dos realidades, la exterior y la interior, ambas desaparecen. Lo insustancial se vuelve toda tu vida; te domina. Vives a través de la mente, vives como la mente.

Y ése es el único problema. Vivir en algo tan ilusorio es vivir en vano. No habrá crecimiento ni madurez ni riqueza ni entendimiento ni dicha ni verdad ni belleza.

DÍA **338** Sólo el corazón amoroso puede tocar el corazón de la existencia. La mente es llana y superficial; no sabe nada de alturas y profundidades. La mente es idiota, siempre es mediocre. No puede darte ninguna comprensión de la realidad. Tu corazón necesita funcionar, y el amor no es más que el murmullo del corazón.

Deja que el corazón cante su canción. Aunque la mente lo condene, no te preocupes por ella. La mente lo condenará; dirá: «Esto es irracional». Por ejemplo, cuando la situación indica que tú deberías ser miserable, pero empiezas a cantar, la mente dirá: «Esto no está bien, así no deberían de ser las cosas, tienes que ser miserable, eso es lo lógico». Alguien ha muerto y tú bailas... Eso es lo que hacemos. ¡Sólo espera una oportunidad! La gente piensa: «¿Quién sigue? ¿A quién vamos a celebrar ahora?». ¡No perdamos ninguna oportunidad!

Cuando dejas que funcione el corazón irracional, despacio, despacio, la mente pierde apoyo. Tomará tiempo, porque la mente ha estado en el poder mucho tiempo; te condenará, te causará problemas. Sólo escucha tu corazón y deja que la mente siga gritando.

DÍA **339** La mente quejumbrosa no puede ser religiosa. Es imposible que la mente quejumbrosa sea religiosa, porque no se ha dado cuenta de una realidad básica: que la existencia te ama, que se preocupa por ti, que eres amigo de los vientos, de la lluvia, del sol, de la luna. Pase lo que pase, te puede parecer una maldición, pero nunca lo es, siempre es una bendición. Quizá al principio parezca una maldición porque nuestra visión está muy limitada, nuestra perspectiva es muy corta. No podemos ver el panorama completo, no podemos ver todas las implicaciones. No podemos ver toda la serie de eventos que se sucederán; de lo contrario, estaríamos siempre agradecidos, nos sentiríamos siempre bendecidos.

Incluso en la muerte, un hombre que entiende encuentra un inmenso agradecimiento hacia la existencia, porque para él la muerte es un descanso. Para él la muerte no es el final de la vida, sino el principio de una vida mejor que ésta. Éste fue sólo un ensayo de la vida real, pero no era real.

La verdadera obra de teatro empieza después de la muerte, para los que entienden. Los que no entienden creen que el ensayo es lo real, y cuando termina el ensayo, lloran y sollozan y se aferran y no quieren dejarlo.

Todo es una bendición.

DÍA **340** La meditación simplemente significa vaciarte de todo el contenido de tu mente: recuerdos, imaginación, pensamientos, deseos, expectativas, proyecciones, humores. Uno tiene que vaciarse de todo contenido. El mejor día en la vida es cuando no puedes encontrar nada que tirar, cuando hay pura vacuidad. En esa vacuidad encuentras consciencia pura.

Esa vacuidad está vacía en tanto la mente tenga que ver, de lo contrario, se desborda, está llena. Está llena de ser, vacía de mente, pero llena de consciencia. Así que no tengas miedo de la palabra *vacío*, no es negativa. Sólo niega el equipaje innecesario que no sirve y que sólo cargas por una vieja costumbre, que no ayuda sino que entorpece, que es sólo peso, un peso montañoso. Una vez eliminado, eres libre de todo límite, te vuelves tan infinito como el cielo.

DÍA **341** El hombre necesita un corazón puro para comulgar con la existencia. El corazón se vuelve puro cuando la mente ya no domina dentro de ti. Mientras la mente domina, el corazón sigue siendo impuro. La mente se aferra al corazón como el polvo se aferra a un espejo. La mente no es nada más que polvo mental; cada pensamiento es polvo y nada más. Uno tiene que limpiar todos los pensamientos, entonces se alcanza la pureza.

La pureza no tiene nada que ver con la moral. Por supuesto que un corazón puro es moral, pero una persona moral no necesita ser pura. Una persona moral sigue viviendo en la cabeza; su moral sigue siendo dominio de la cabeza.

La cabeza dice: «Haz tal cosa, no hagas tal otra». Y es muy calculadora: calcula sobre éste y el otro mundo. No conoce la pureza porque no es inocente; por lo tanto, recuerda, la moral no conduce a la pureza. Lo contrario es cierto: la pureza ciertamente conduce a la moral, pero la pureza llega primero, y luego sigue la moral.

DÍA **342** Nuestro ser verdadero es nuestro centro más profundo, no es algo exterior. Uno no necesita ir a ninguna parte, simplemente tiene que regresar a casa. No es una travesía de aquí hacia allá; al contrario, es una travesía de allá para acá. Ya estamos allá y tenemos que estar acá. Siempre estamos luego y tenemos que estar ahora.

Así que cuando tu mente se empiece a desplazar hacia alguna parte, tráela de regreso. Cuando se empiece a ir al pasado, al futuro, tráela al presente. Recuerda estas dos palabras: *aquí* y *ahora*. Despacio, despacio, uno empieza a vivir aquí y ahora, y ésa es la única forma de encontrarnos con la existencia, porque siempre está aquí y ahora. Y nosotros nunca estamos aquí y ahora. Cuando nosotros también estemos aquí y ahora, sucederá el encuentro.

DÍA **343** Cuando tengas tiempo, cierra los ojos al mundo entero y olvídate de él. Llena tu centro de toda tu atención, cuidado, amor, y pronto verás flores salir. Es una especie de jardinería, una especie de cultivo, y te trae un gozo inmenso, porque cuando veas las flores de la consciencia, sabrás que la vida no ha sido un desperdicio, que no has perdido la oportunidad, que la has usado.

DÍA **344** La experiencia última de la vida es una paradoja. Es el sonido del silencio. Lógicamente, eso es absurdo: algo puede ser sonido o silencio, pero no las dos cosas juntas. Pero los que han conocido están de acuerdo en que es el sonido del silencio, es el sonido de una mano aplaudiendo. Y los que han conocido están de acuerdo en la naturaleza paradójica de la realidad última, porque contiene los polos opuestos. Es noche y día simultáneamente, es vida y muerte juntas.

La lógica divide, la experiencia une. La lógica crea

opuestos; la experiencia te vuelve consciente de que no hay opuestos en absoluto. Todos los opuestos son sólo complementarios.

DÍA **345** La mente occidental vive en una consciencia temporal, el enfoque oriental es hacia la atemporalidad; por lo tanto, la definición oriental de la verdad es lo que está más allá del tiempo. A menos de que vayas más allá del tiempo, no sabrás nada de la verdad. En el tiempo sólo verás una película en la pantalla, puede que sea hermosa, y por el momento podrá hechizarte, pero en el fondo sabes que es pura ficción. Te podrá absorber, podrás olvidar por completo que es ficción, podrás empezar a tomártela en serio, y si es una película tridimensional te puede dar la idea, la sensación de que es real. Luego llega el final y sólo queda la pantalla; de pronto te das cuenta de que sólo la pantalla era real, y que la película era sólo una proyección.

El mundo de los hechos es sólo una proyección; la pantalla es la realidad, pero se esconde detrás de la proyección.

La pantalla es Dios y el mundo es la película que se mueve en esa pantalla divina. ¿Cómo penetrar lo real, lo que es y siempre será y siempre ha sido? El método que hemos descubierto en Oriente es la meditación. La meditación simplemente significa deshacerse de toda ficción y hecho, limpiar la mente de ficción y hechos para que sólo quede la pantalla. La pantalla de la consciencia está pura y vacía, limpia y blanca, nada en ella se mueve. Ha desaparecido todo movimiento, porque todo movimiento está en el tiempo.

El tiempo se ha detenido, el reloj se ha detenido.

De pronto, te transportas hacia otro mundo, el mundo trascendental. Y ése es el mundo de la verdad. Conocer es conocerlo todo, y conocerlo es serlo, porque entonces el conocedor y lo conocido ya no están separados; entonces el conocedor es lo conocido, el observador es lo observado. Ésa es la experiencia última que libera, que te libera de todas las fantasías de la mente y de todos los hechos mundanos del mundo.

DÍA **346** La realidad es paradójica; contiene todos los polos opuestos. Si se ve desde la perspectiva correcta, no son polos opuestos, se empiezan a ver como complementarios. Por lo tanto, la paradoja es sólo desde el mundo inferior del pensamiento. Cuando alcanzas la cima del no pensamiento, no hay paradoja; de pronto ves la unidad de todos los opuestos. En lo supremo, el día y la noche se encuentran y se fusionan, la vida y la muerte se encuentran y se fusionan, el verano y el invierno se encuentran y se fusionan, no hay diferencia.

DÍA **347** Cuando empiezas a meditar, tienes que empezar a observar tus pensamientos. Sólo observándolos un día desaparecen. El silencio de la mente, cuando los pensamientos desaparecen, es el primer paso.

Entonces empieza el segundo paso: el silencio del corazón. Ése viene al observar los sentimientos. Es un fenómeno más sutil, mucho más profundo que el primero, pero el proceso es el mismo. Si uno tiene éxito en el primero, será capaz de tener éxito en el segundo también. Es el mismo método de observación. Y un día los sentimientos también desaparecen. Entonces se habrá alcanzado el segundo silencio. Y cuando tengas esos dos silencios, sabrás por primera vez que el observador también ha desaparecido, porque no hay nada que observar. Y no hay nada que conocer, el conocedor desaparece. Ése es el último silencio.

DÍA **348** Estar con un maestro simplemente significa vivir con alguien que está despierto, que ya no está dormido, cuyos sueños terminaron, cuyas pesadillas pasaron. Y con sólo estar en sintonía con el maestro, despacio, despacio, te despiertas.

La propia energía del maestro empieza a penetrar tu ser. Despacio, despacio, entra en tu corazón; despacio, despacio, te da un corazón nuevo, un latido nuevo. Y no puedes estar mucho tiempo con un maestro sin despertar, porque él está continuamente gritando, llamándote para que despiertes, para que salgas de la tumba.

Si puedes abrir los ojos una vez, de pronto, por primera vez, experimentarás la música, la canción, la danza; y va aumentando, se desplaza hacia un *crescendo*, hacia una altura que es absolutamente inimaginable para la mente ordinaria. Está más allá de la mente, mucho más allá; por lo tanto, la mente no puede decir nada al respecto. Es indescriptible, indefinible. La mente simplemente se queda corta con toda su lógica, su lenguaje, sus palabras, con toda su eficiencia, mientras el mundo esté implicado.

En el encuentro con el más allá, la mente se siente totalmente impotente por primera vez. La impotencia de la mente libera una nueva energía en ti. Yo llamo a esa energía la canción, la danza, el éxtasis.

DÍA **349** Todo es un regalo. No nos lo hemos ganado, ni siquiera lo merecemos. Al ver un hermoso atardecer, alguna vez has ponderado la cuestión: «¿Me lo merezco?». Al oír el llamado lejano del cuco, alguna vez has pensado: «¿ Me lo merezco?». O el viento que pasa por los pinos o el río que baila hacia el océano y el cielo lleno de estrellas, ¿qué hemos hecho para tener este hermoso universo? No pagamos por ello, no lo merecemos.

Gracias a la experiencia de que no lo merecemos, pero aun así se nos ha dado, que surge la consciencia religiosa, la gratitud. Uno empieza a sentirse inmensamente agradecido con las manos desconocidas, las manos invisibles que han creado esta hermosa, inmensa, increíblemente bella existencia. En esa gratitud uno es religioso, no siendo cristiano, ni hindú ni mahometano, simplemente siendo agradecido.

DÍA **350** El universo es vasto, ilimitado, y nosotros también, porque somos parte de él. La parte es indivisiblemente del todo, así que sea cual sea la cualidad del todo, es la cualidad de la parte.

Sólo recuerda una pequeña fórmula: si todas las partes son finitas, entonces el total no puede ser infinito. Si el total es infinito, entonces todas las partes tienen que ser infinitas también. Y somos parte de esta existencia infinita. También somos infinitos. Por lo tanto, los videntes orientales han declarado: «*Aham brahmasmi*; yo soy Dios». Al-Hallaj Mansur dice: «*Ana'l haq*; yo soy la verdad». Son declaraciones muy importantes. Lo han declarado en nombre de toda la humanidad. No son afirmaciones egoístas, simplemente son declaraciones de hechos. Y siéntelo: eres parte de una existencia infinita que no empieza ni termina en ningún lugar. Inmediatamente te sientes elevado, sin peso. Tus pequeñas preocupaciones y problemas desaparecen. Se han vuelto insignificantes comparados con la vastedad que eres. Pierden todo significado, simplemente se vuelven irrelevantes.

DÍA **351** Todas las personas que han despertado han sentido una inmensa compasión por la gente y han dado lo mejor de sí, pero algo en la experiencia es tan grande que no puede expresarse. Si uno quiere saberlo, tiene que experimentarlo: la verdad sólo puede ser una experiencia.

Estás lleno de estrellas, de flores, pero eres absolutamente incapaz de transferirlo a nadie. Es intransferible, no se puede enseñar. Pero los que están alerta pueden atrapar un destello. No se puede enseñar, pero se puede atrapar.

DÍA **352** Es imposible expresar la verdad última. Es como un sabor. Si lo has probado, lo conoces; si no lo has probado, no hay forma de transmitirlo. Un hombre que no ha probado la miel no puede hacerse a la idea de lo que es la dulzura.

Un hombre que nunca ha visto la luz es incapaz de entender algo sobre la luz. Incluso al que haya conocido y experimentado le parece casi imposible expresarlo, porque la lengua se queda muy corta. La experiencia es tan vasta y el lenguaje es tan pequeño. La experiencia es tan sagrada y el lenguaje es tan mundano que no hay posibilidad de conexión. Por lo tanto, la verdad se ha conocido muchas veces y todos los que la han conocido han tratado de expresarla, pero han fracasado. Pero estamos agradecidos de que hayan tratado, porque gracias a ese esfuerzo se ha enriquecido la vida.

DÍA **353** La creencia es muerte, es un punto final; simplemente lo das por hecho. Alguien dice algo, alguien es autoritario —la Biblia, el Corán, la Gita— y tú simplemente crees en esa autoridad. Creer en cualquier autoridad es destruir tu propia inteligencia. Todas las autoridades destruyen la inteligencia. Yo no soy autoritario en ese sentido. Lo que digo, lo digo según mi experiencia, en ese sentido soy autoritario, pero esa autoridad no implica que nadie tenga que creer en ella. Simplemente significa: tómala como una hipótesis y luego averigua si es verdad o no.

Estar conmigo simplemente significa explorar. Y si empiezas a explorar, encontrarás. No hay necesidad de creer, porque es así. «*Aes dhammo sanantano*» dice Buda, ésta es la verdad, la verdad última. Así que si es la verdad última, no se necesita creer; lo puedes experimentar.

Sólo la gente que no sabe ella misma insiste en las creencias. Les da miedo la búsqueda, la duda, las preguntas. Reprimen todo cuestionamiento; condenan toda duda. Yo respeto la duda.

Así que para ti yo sólo tengo que ser una hipótesis. Te daré hipótesis; entonces tendrás que entrar en la búsqueda. Y yo sé que encontrarás la verdad, porque yo encontré la verdad mediante la misma búsqueda. Yo confío en la inteligencia y en el potencial intrínseco de todo mundo.

DÍA **354** Todos nacemos con una voz divina, aunque nunca la oigamos. Es una vocecita tranquila. Es la voz de la existencia. Pero nuestra cabeza está llena de tantas otras voces —y hay mil y un voces ahí— que no podemos oír la vocecita tranquila.

En nuestra cabeza, todas las estaciones están encendidas simultáneamente. Es tan ruidoso el interior que incluso aunque la existencia gritara, no la oirías. Y nunca grita, susurra. El amor siempre susurra, porque gritar es un poco violento. El amor sabe esperar; por lo tanto, la existencia espera. El amor sabe tener esperanza, por lo tanto, la existencia tiene esperanza. Si no es ahora, será mañana… algún día lo oirás.

DÍA **355** La experiencia más especial de la vida es la del silencio; de lo contrario, la vida es muy ruidosa. Afuera hay ruido, adentro hay ruido y juntos son suficiente para volver loco a cualquiera. Han vuelto loco a todo el mundo.

Uno tiene que detener el ruido interior; el ruido exterior está fuera de nuestro control y no se necesita detenerlo, pero sí podemos detener el ruido interior. Y cuando el ruido interior se haya detenido y se establezca el silencio, el ruido exterior ya no será ningún problema: puedes disfrutarlo, puedes vivir en él sin ningún problema. La experiencia del silencio interior es única, incomparable. No hay otra experiencia que tenga más valor, porque de ella surgen todas las demás. Es la base de todo el templo de la religión.

Sin silencio no hay verdad, ni libertad ni divinidad; con silencio, de pronto las cosas que no estaban, están, y las cosas que estaban ya no están. Tú visión ha cambiado, tu perspectiva ha cambiado.

El silencio te vuelve capaz de conocer lo invisible, lo incognoscible. Ésa es su singularidad.

DÍA **356** A la sociedad no le interesa tu energía amorosa. Sólo le interesa tu cabeza, tu capacidad lógica, porque se puede usar como mercancía en el mercado. La sociedad sólo quiere que seas eficiente, no significativo, simplemente eficiente, tan eficiente como una máquina. Pero la máquina no tiene idea del amor y nunca podrá tenerla.

En cuanto a la cabeza, tarde o temprano las computadoras van a reemplazarla. Las computadoras pueden hacer mucho mejor lo que hace la cabeza. Pero yo no creo que ninguna computadora se vaya a enamorar nunca. La lógica es una capacidad mecánica y por eso las máquinas pueden hacerla. El amor es realmente el elemento humano en ti, pero a la sociedad no le interesa, no le sirve; por lo tanto, le enseña a todo mundo a ser ilógico. Y entre más obsesionado estés con la cabeza, más se te olvidará el corazón. Mi labor es regresarte al corazón.

DÍA **357** Mi intención aquí es ayudar a tu amor a ser más grande. Y las llamadas religiones han tratado de hacer justo lo contrario. Al ver que el amor crea miseria, enseñan a renunciar al amor. Yo también he visto que el amor crea miseria, pero al verlo, yo enseño a renunciar a las limitaciones. Deja que tu amor se vuelva ilimitado.

Las llamadas tradiciones religiosas y mi enfoque empiezan en el mismo punto, pero nos hemos movido en direcciones opuestas. Ellas creen que el amor es el que crea problemas; yo no creo que el amor sea el que está creando problemas. Son las limitaciones que le impones al amor lo que crea problemas. Renunciar al amor no es la solución. Renuncia a las limitaciones. Simplemente sé amoroso; deja que el amor sea un fenómeno espontáneo, natural. No lo conviertas en una relación; relaciónate, pero no te quedes confinado en las relaciones. Cuando liberas tu amor de las limitaciones, eres libre. Cuando tu amor es libre, tu mero ser es libre, porque está hecho de amor, tu alma está hecha de amor.

DÍA **358** Tienes que vivir de tal forma que cuando dejes el mundo, lo dejes un poco más hermoso que como lo encontraste, ¡con eso basta! Habrás probado que fuiste religioso. Habrás probado que no fuiste accidental. Habrás probado que contribuiste con algo a la existencia, que no fuiste fútil ni en vano, que tu ser aquí tuvo importancia.

El mero sentimiento: «He contribuido un poco con la belleza del mundo, con la gracia de la existencia. He añadido un poco más de luz en la noche oscura del alma», te llena, te da inmenso contento. No se necesita nada más, ninguna otra religión. Y la creatividad sólo puede venir del estado de meditación.

DÍA **359** Se cree que mucha gente está loca simplemente porque es gente de corazón y no puede comunicarse con el mundo que ha sido creado por la cabeza. Su único problema es que están en un lugar mucho mejor que el resto. Es como un hombre con ojos viviendo con gente sin ojos: estará en constante dificultad. Nadie lo escuchará, nadie lo entenderá; inevitablemente será malentendido, en cada punto, cada ocasión.

Por lo tanto, muy poca gente se atreve a vivir con el corazón. Son los místicos; se han acercado mucho, pero acercarse significa estar todavía un poco lejos. Se necesita otro salto cualitativo, otro brinco, y entonces alcanzarás lo indescriptible.

DÍA **360** La amistad tiene algo de espiritual. El amor es biológico; la amistad es espiritual. Y a menos de que el amor se convierta en algo como la amistad, uno sufrirá por él: en lugar de encontrar dicha, uno encuentra cada vez más miseria. Pero la razón no es la energía amorosa. La razón es que no has sido capaz de refinarla; no has sido muy ingenioso. Lo has dado por hecho, como si fuera el fin. No es el fin. Deja que tu amor se convierta en amistad; deja que tu amor se convierta en oración. Son las dos posibilidades, los dos aspectos. Si te vuelves amigable con la persona que amas, entonces podrás amar a mucha gente. Entonces tu amor se esparcirá, entonces el círculo se volverá cada vez más grande. Ése es un aspecto.

El otro aspecto es que cuando empiezas a amar a mucha gente sin aferrarte y además permites a los demás lo mismo, tu amor empieza a adquirir otro aspecto, el aspecto llamado oración.

Oración significa amar al todo, a todo el universo, ser amigable con los árboles y las piedras y los ríos y las montañas y las estrellas. Cuando la amistad alcanza el punto de la oración, uno es religioso.

DÍA **361** El ego se tiene que dejar de lado completamente. No seas un triunfador. Lo que necesitas ya se te dio, ya sucedió. Lo único que necesitas es dejarlo crecer. Tu potencial está ahí; tienes que eliminar los obstáculos. Podrás llamar a mi pensamiento «pensamiento negativo» en lugar de positivo. El pensamiento positivo dice que proyectes tu idea de quién quieres ser; yo digo que la existencia ya te hizo lo que eres, sólo hay que negar los obstáculos.

Ésa ha sido la enseñanza más antigua de los grandes místicos, de todos los budas. Lo llamamos el método *neti-neti*. Repite: «Éste no soy yo, éste no soy yo», y ve eliminado todo hasta que no quede nada que eliminar. Cuando suceda la nada absoluta, en esa nada, el loto se abrirá. Cuando no eres, por primera vez, eres. Y experimentar esta paradoja es la mayor experiencia de la vida.

DÍA **362** La verdadera persona religiosa es muy terrenal; tiene que serlo, de lo contrario no tendría raíces. Por lo tanto, yo enseño el arraigamiento a la tierra. Yo enseño la tierra, porque sé que sólo si nuestras raíces crecen dentro de la tierra seremos capaces de elevarnos más allá de las nubes. Las flores saldrán, pero sólo saldrán si profundizan y profundizan sus raíces.

Así que, para mí, lo mundano y lo sagrado no son distintos; son dos caras de la misma moneda. Por lo tanto, cantar y bailar, amar y ser creativo, la alegría y la risa, no están en contra de lo sagrado. Son parte, parte intrínseca, de ello; y no una parte pequeña, son exactamente la mitad, la primera mitad. Si la primera mitad está ahí, la segunda llega automáticamente. No pueden estar separadas. Pero en el pasado, la segunda mitad se volvió más importante. Y no sólo más importante, se vació de la primera. Así fue como murió la religión. Así fue como murió la divinidad en la tierra: la divinidad se volvió un árbol sin raíces.

La divinidad puede volver a vivir, pero la única forma de que viva otra vez es tener raíces en la tierra, y a eso es a lo que me refiero con alegría, canción, celebración.

DÍA **363** El loto es muy simbólico, crece del lodo. La flor más hermosa crece del sucio lodo. La oración crece de la sexualidad, el alma crece del cuerpo —que es puro lodo— y la divinidad crece del mundo.

En la superficie parece imposible. Si observas el lodo, no puedes creer que produzca lotos. Si observas las flores de loto, no puedes creer que salgan del sucio lodo. Pero así es; lo inferior está conectado con lo superior. Lo superior está en lo inferior y lo inferior está en lo superior: todo está conectado. Y la vida es una escalera. Ésa es mi enseñanza básica: no se debe negar nada, ni siquiera el sucio lodo. Todo se tiene que transformar en loto.

DÍA **364** El hombre puede vivir en el tiempo o en la eternidad. Ambas alternativas están abiertas, porque no existe el destino, la predeterminación. El hombre es libertad: viene sin destino. El futuro está abierto, siempre abierto, no está determinado cuando naces, cada acto lo determina. En cada acto está tu decisión, y a cada paso puedes cambiar la dirección de tu vida.

Millones de personas viven en el tiempo, por la

sencilla razón de que nacieron en una multitud que no sabe nada de la eternidad. Sus padres vivieron en el tiempo, sus maestros vivieron en el tiempo, sus líderes vivieron en el tiempo, toda la sociedad que los rodea vivió en el tiempo, entre el nacimiento y la muerte; por lo tanto, todo niño empieza imitando. Así es como el niño aprende, pero también es como se condiciona.

Es un fenómeno extraño salir de la zanja del tiempo, muy pocas personas lo han logrado hasta ahora. Ni siquiera todos los nombres que se piensa que han escapado, no todos los llamados santos y mahatmas y sabios, no más de 1% de tus llamados santos ha podido escapar de la cárcel del tiempo. Aunque cree mucha miseria, sus murallas son invisibles; por lo tanto, hay un deseo y un anhelo de deshacernos de la miseria, pero necesitas una gran inteligencia para ver que la miseria estará ahí si eliges al tiempo como estilo de vida.

Tiempo significa cambio, y cuando todo está cambiando, no puedes aferrarte a nada, no tienes ningún apoyo, ninguna seguridad. No hay tierra debajo de tus pies, estás sobre arenas movedizas. Por lo tanto, uno tiene miedo, preocupaciones, ansiedades, y todo esto se vuelve la causa principal de la miseria, de la desesperación, de la desesperanza.

Pero hay una forma, y la forma es no luchar contra la miseria, la forma es salir de la rueda del tiempo. De cierta forma es muy sencillo, pero a veces las cosas más sencillas, las más obvias, se nos pasan, porque son tan obvias que nuestros ojos buscan algo grande, algo lejano, ¡y está tan cerca! A todo mundo le han dicho que el tiempo está formado de tres tiempos —pasado, presente y futuro—, y eso es absolutamente erróneo. El tiempo sólo está formado de pasado y futuro. El presente es una penetración de la eternidad, el presente no pertenece al tiempo; es trascendental. Vivir en el presente es salir del tiempo; estar aquí y ahora, totalmente aquí y ahora, es estar fuera de la rueda.

DÍA **365** ¿Quién sabe si mañana estaremos aquí o no? Así es como tenemos que vivir: cada momento tiene que ser el último, entonces, ¿por qué vivir a medias? Quizá no puedas vivir otro momento, así que pon todo lo que tienes, arriésgalo todo en el momento, porque nadie sabe qué pasará en el instante siguiente. ¡Así se tiene que vivir!

Y cuando te dejen de preocupar los resultados, te convertirás en una flor de loto. Tienes que recordar la flor de loto una y otra vez para poder seguir yendo cada vez más profundo en el aquí y el ahora, sin ataduras, sin aferrarte, intacto. No hay futuro, por lo que puedes vivir totalmente, y no hay pasado, por lo que puedes permanecer intacto.

Una vez que suceda eso, la vida será dicha, dicha ilimitada, infinita, eterna. •

Sobre el autor

Osho desafía las clasificaciones. Sus miles de charlas cubren todo, desde la búsqueda individual del significado hasta los problemas sociales y políticos más urgentes que enfrenta la sociedad en la actualidad. Los libros de Osho no han sido escritos, sino transcritos de las grabaciones de audio y video de sus charlas extemporáneas ante audiencias internacionales. Tal como él lo expone: «Recuerden: lo que estoy diciendo no sólo es para ustedes... estoy hablando también para las futuras generaciones». Osho ha sido descrito por el *Sunday Times* en Londres como uno de los «1000 creadores del siglo xx» y por el autor estadounidense Tom Robbins como «el hombre más peligroso desde Jesucristo». El *Sunday Mid-Day* (India) ha seleccionado a Osho como una de las diez personas —junto con Gandhi, Nehru y Buda— que han cambiado el destino de India. Con respecto a su propia obra, Osho ha declarado que está ayudando a crear las condiciones para el nacimiento de una nueva clase de seres humanos. Él con frecuencia caracteriza a este nuevo ser humano como «Zorba el Buda», capaz tanto de disfrutar los placeres terrenales de un Zorba el griego, como la serenidad silenciosa de un Gautama el Buda. Un tema principal a través de todos los aspectos de las charlas y meditaciones de Osho es una visión que abarca tanto la sabiduría eterna de todas las eras pasadas como el potencial más alto de la ciencia y la tecnología de hoy en día (y del mañana). Osho es conocido por su contribución revolucionaria a la ciencia de la transformación interna, con un enfoque en la meditación que reconoce el paso acelerado de la vida contemporánea. Sus Meditaciones Activas OSHO® están diseñadas para liberar primero las tensiones acumuladas del cuerpo y la mente, de tal manera que después sea más fácil emprender una experiencia de quietud y relajación libre de pensamientos en la vida diaria.

Una de sus obras autobiográficas disponible en español es:

Autobiografía de un místico espiritualmente incorrecto
Barcelona: Kairos, 2001

OSHO International meditation Resort

UBICACIÓN: ubicado a 100 millas al sureste de Mumbai en la moderna y floreciente ciudad de Pune, India, el Resort de Meditación de OSHO Internacional es un destino vacacional que hace la diferencia. El Resort de Meditación se extiende sobre 40 acres de jardines espectaculares en una magnífica área residencial bordeada de árboles.

ORIGINALIDAD: cada año, el Resort de Meditación da la bienvenida a miles de personas provenientes de más de 100 países. Este campus único ofrece la oportunidad de una experiencia personal directa de una nueva forma de vida: con mayor sensibilización, relajación, celebración y creatividad. Está disponible una gran variedad de opciones de programas durante todo el día y durante todo el año. ¡No hacer nada y simplemente relajarse en una de ellas!

Todos los programas se basan en la visión de OSHO de «Zorba el Buda», una clase de ser humano cualitativamente diferente que es capaz *tanto* de participar de manera creativa en la vida diaria *como* de relajarse en el silencio y la meditación.

MEDITACIONES: un programa diario completo de meditaciones para cada tipo de persona, incluye métodos que son activos y pasivos, tradicionales y revolucionarios, y en particular, las Meditaciones Activas OSHO®. Las meditaciones se llevan a cabo en lo que debe ser la sala de meditación más grande del mundo: el Auditorio OSHO.

MULTIVERSIDAD: las sesiones individuales, cursos y talleres cubren todo: desde las artes creativas hasta la salud holística, transformación personal, relaciones y transición de la vida, el trabajo como meditación, ciencias esotéricas, y el enfoque «Zen» ante los deportes y la recreación. El secreto del éxito de la Multiversidad reside en el hecho de que todos sus programas se combinan con la meditación, la confirmación de una interpretación de que como seres humanos somos mucho más que la suma de nuestras partes.

COCINA: una variedad de diferentes áreas para comer sirven deliciosa comida vegetariana occidental, asiática e hindú, la mayoría cultivada en forma orgánica especialmente para el Resort de Meditación. Los panes y pasteles también se hornean en la panadería propia del centro.

VIDA NOCTURNA: se pueden elegir diversos eventos en la noche entre los cuales bailar ¡es el número uno de la lista! Otras actividades incluyen meditaciones con luna llena bajo las estrellas, espectáculos de variedades, interpretaciones musicales y meditaciones para la vida diaria.

O simplemente puede disfrutar conociendo gente en el Café Plaza, o caminar bajo la serenidad de la noche por los jardines de este escenario de cuento de hadas.

INSTALACIONES: usted puede adquirir todas sus necesidades básicas y artículos de tocador en la Galería. La Galería Multimedia vende una amplia gama de productos multimedia OSHO. También hay un banco, una agencia de viajes y un Cibercafé en el campus. Para aquellos que disfrutan las compras, Pune ofrece todas las opciones, que van desde los productos hindúes étnicos y tradicionales hasta todas las tiendas de marcas mundiales.

ALOJAMIENTO: puede elegir hospedarse en las elegantes habitaciones de la Casa de Huéspedes de Osho, o para permanencias más largas, puede optar por uno de los paquetes del programa Living-in. Además, existe una abundante variedad de hoteles y apartamentos con servicios incluidos en los alrededores.

www.osho.com/meditationresort

Para mayor información

www.**OSHO**.com

Página web en varios idiomas que incluye una revista, los libros de OSHO, las charlas OSHO en formatos de audio y video, el archivo de textos de la Biblioteca OSHO en inglés e hindi, y una amplia información sobre las Meditaciones OSHO. También encontrarás el plan del Programa de Multiversidad OSHO e información sobre el OSHO International Meditation Resort.

Páginas web:

www.OSHO.com/es/AllAboutOSHO
www.OSHOtimes.com
www.Facebook.com/OSHO.international
www.YouTube.com/OSHOinternational
www.Twitter.com/OSHO
www.Instagram.com/OSHOinternational

Para contactar a OSHO International Foundation:

www.osho.com/oshointernational,
oshointernational@oshointernational.com

Acerca del código QR

Este código QR te enlazará con el canal de YouTube de Osho Internacional, facilitándote por defecto el acceso a una amplia selección de Osho Talks, las charlas originales de Osho, subtituladas al español, seleccionadas para proporcionar al lector un aroma de la obra de este místico contemporáneo. Para poder disfrutar de los subtítulos en español asegúrate de seleccionar español en el menú del visor de Youtube.

Osho no escribía libros; sólo hablaba en público, creando una atmósfera de meditación y transformación que permitía que los asistentes vivieran la experiencia meditativa.

Aunque las charlas de Osho son informativas y entretenidas, éste no es su propósito fundamental. Lo que Osho busca es brindar a sus oyentes una oportunidad de meditar y de experimentar el estado relajado de alerta que constituye la esencia de la meditación.

El arte de escuchar está basado en el silencio de la mente, para que la mente no intervenga, permite simplemente lo que te está llegando.

Yo no digo que tengas que estar de acuerdo conmigo. Escuchar no significa que tengas que estar de acuerdo conmigo, ni tampoco significa que tengas que estar en desacuerdo.

El arte de escuchar es sólo puro escuchar, factual, sin distorsión.

Y una vez que has escuchado entonces llega un momento en el que puedes estar de acuerdo o no, pero lo primero es escuchar.

Si no dispones de un Smartphone también puedes visitar este enlace:

https://bit.ly/OSHOTalks_SpanishList

Esta obra se terminó de imprimir
en el mes de enero de 2026,
en los talleres de Impresora Tauro, S.A. de C.V.
Ciudad de México.